*Биллу Хьюзу и Остину Уокеру — двум самым верным пасторам, которые служили нам постоянным примером благочестия и оказали самое серьезное влияние на нашу жизнь.*

> *В своем служении пасторы сталкиваются с глубинным искушением соскользнуть в определенную роль — профессионального пастора, страстного проповедника, мудрого душепопечителя, способного администратора — и в ней найти свое настоящее «я», отделенное от нашего призвания. Если вы замечаете, что подобное происходит с вами, тогда это бодрящее и обнадеживающее послание от Брайана Крофта и Джима Савастио напомнит вам о том, что именно сердце пастора является жизненной силой служения. Но при этом заботиться о самом себе и о своей душе — значит делать что-то большее, чем прочитывать каждое утро перед работой два библейских стиха. Такая забота требует принимать средства благодати, уделять внимание своему телу, заботиться о своей семье, а также быть частью совместного руководства поместной церковью вместе с доверенными пресвитерами. Если вам хотелось бы выжить и процветать в вашем служении, Крофт и Савастио покажут вам путь к этому!.*
>
> **Д-р Шон Майкл Лукас,** *старший пастор Независимой пресвитерианской церкви (PCA), Мемфис, штат Теннесси, профессор церковной истории Реформатской богословской семинарии*

> *Павел наставлял Тимофея, — но также и пасторов нашего времени — внимательно следить за своей жизнью и учением. Никогда еще пасторы не сталкивались с более опасными вызовами своему благополучию, и поэтому никогда еще не было им так трудно следить за своим сердцем и разумом. Крофт и Савастио написали книгу крайне необходимую для таких отчаянных времен. Поскольку с угрожающей скоро-*

стью растет число служителей, которые терпят неудачи и покидают служение, больше никогда в него не возвращаясь, мой призыв к вам, пасторы: возьмите эту книгу, услышьте ее и прислушайтесь к жизненно важному посланию. Если вы не являетесь пастором, прочитайте эту книгу, чтобы узнать, как отчаянно ваш пастор нуждается в ваших молитвах и ободрении.

**Джефф Робинсон — старший,** *ведущий пастор Христова братства Луисвилла, старший редактор Евангельской коалиции*

*Если пасторы хотят хорошо пасти свои общины в течение всего своего служения, им нужно заботиться о собственных душах. Опираясь на свой опыт, Брайан Крофт и Джим Савастио создали библейский, практичный, ободряющий материал — книгу «Душа пастора». Она принесет пользу каждому служителю Евангелия.*

**Робби Галлати,** *старший пастор баптистской церкви «Лонг Холлоу», основатель Replicate Ministries*

*Есть настоящее искушение продолжать работать для Бога, но замедлить темп нашего хождения с Богом. Многие книги о служителях Евангелия и их служении сосредоточены на первом и потому рискуют быть механическими и отстраненными. Эта книга, напротив, говорит не об общих вещах, а обращается непосредственно к жизни и душе пастора. В ней много конкретных, личных, иногда болезненных, по-настоящему полезных советов, написанных двумя братьями в Господе, которые на практике проверили те истины, которые сейчас доносят до нас. Эта книга не скользит по поверхности, но проясняет личные и пасторские приоритеты. Она призывает нас вернуться от самоуверенности и маниакальной активности к зависимости от Бога и стабильному служению. Как бы долго вы ни были в служении, эта книга не только даст ориентир для работы, но также поможет проверить духовное здоровье работника. Эту душевную живую книгу стоит воспринимать со смирением и мудростью, ведь она призвана способствовать духовному долголетию и процветанию служителей Божьих, а значит, поможет принести Божьи благословения тем, кому они служат.*

**Джереми Уокер,** *пастор Баптистской церкви Мейденбауэра, автор книги «Портрет Павла»*

*Эта книга очень хорошо послужит поместным церквям и их пасторам. Пасторы Крофт и Савастио помогают разобраться с актуальными вопросами, возникающими в жизнях и душах людей, которых Бог призвал пасти Свой народ. Благодаря пристальному вниманию, которое уделяется духовным реалиям заботы о себе и ответственности за заботу о других, мне захотелось уделять больше внимания заботе о своей собственной душе. А идея баланса между духовным благополучием и физическим здоровьем и обновляет, и обличает.*

**Энтони Матения, пастор Церкви Христа, Рэдфорд**

*Роберт Мюррей МакЧейн, великий шотландский проповедник XIX века, умер в возрасте 29 лет. Осознав, что во многом ухудшение его здоровья было вызвано образом жизни, МакЧейн* воскликнул: «Бог дал мне послание, которое я должен доставить, и лошадь, на которой я должен ехать. Увы, я загнал лошадь и теперь не могу доставить послание!» Книга «Душа пастора» написана для того, чтобы сегодня предотвратить такой крик души. Эту книгу каждый пастор должен читать хотя бы раз в год, чтобы проверять свое состояние. Служение слишком многих хороших людей сводится на нет из-за того, что они не заботятся о себе.

**Конрад Мбеве**, пастор Баптистской церкви в Кабвате, ректор Африканского христианского университета в Лусаке, Замбия

# БРАЙАН КРОФТ
# ДЖИМ САВАСТИО

# ДУША ПАСТОРА

Забота о младшем пастыре
и его призвание

Перевод с английского

Благая весть
Самара, 2024

УДК 286.15
ББК 86.37
К83

**Brian Croft & Jim Savastio**
The Pastor's Soul
Evangelical Press

*Переводчик: Д. Пинькевич*
*Редактор: А. Никитина*
*Научный редактор: А. Аубакиров*
*Верстка и дизайн обложки: М. Литвинова*

**Крофт Б. и Савастио Дж.**

К83    *Душа пастора. Забота о младшем пастыре и его призвание:*
пер. с англ. / Брайан Крофт и Джим Савастио; Самара : Благая
Весть, 2024. — 184 с.

The Master's Academy International                    УДК 286.15
TMAI Edition ISBN: 978-1-967358-27-4                  ББК 86.37

Цитаты из Библии, если не указано иное, даны по Синодальному
переводу. Цитаты по изданию «Новый Завет Господа нашего Иисуса
Христа» (пер. с греч. под ред. епископа Кассиана. М.: Рос. библ.
о-во, 2001) помечены «Кассиан». Цитаты по изданию «Библия: Новый
перевод на русский язык» (4-е изд. Б. м.: Международ. библ. о-во, 2014)
помечены «НРП».

# СОДЕРЖАНИЕ

# БЛАГОДАРНОСТИ

**К Джим хотел бы поблагодарить...**
Кэти Вейл Бритт. Я давно обещал, что если у тебя получится помочь мне жениться на твоей сестре, то когда-нибудь я посвящу тебе свою первую книгу. Я должен быть человеком слова. Спасибо, Кэти!

Пастора Джорджа Мак-Дирмона (чье служение привело меня к вере во Христа в подростковом возрасте и кто наставлял меня в те ключевые годы) и пастора Альберта Мартина, который учил меня тому, что такое верное служение за кафедрой и вне ее. Польза от ваших вложений бесценна.

Боба, Джона, Джеймса, Райана, Рика, Чарли и Дерека, которые на протяжении десятилетий трудились рядом со мной пресвитерами церкви. Спасибо за ваше служение мне и драгоценной пастве нашей общины в Луисвилле.

Брайана, моего соавтора, за то, что предложил мне присоединиться к этому проекту.

**Брайан хотел бы поблагодарить...**
Дэвида Мюррея за такое содержательное предисловие, а также за многолетнюю дружбу и твой вклад в меня.

Роба Гибсона, Боба Хадсона и Эрика Джонсона. Я убежден, что без вашей дружбы, а также усердной и умелой заботы о моей изломанной и изможденной душе на протяжении последних пяти лет я потерял бы все.

Мика Чайлдса и Боба Стюарта за то, что напоминали мне, какой это незаменимый дар — регулярные содержательные дружеские отношения с мужчинами, которые любят и принимают меня как сломленного грешника, которым я являюсь.

Джима за твою дружбу и партнерство в работе над этой книгой, а также за многие другие возможности трудиться вместе с тобой в этом служении.

### Брайан и Джим хотели бы поблагодарить...

Всех тех, кто на разных этапах читал черновики этой книги и делал ее лучше. Особая благодарность за проделанный в этом отношении труд Спенсеру Хармону и Рэндаллу Кофилду.

Джереми Уокеру за твою значимую дружбу с нами, за поддержку этой книги и за инициативу издать ее в Evangelical Press. Мы верим, что это плодотворное партнерство сохранится на долгие годы.

Совету служения «Практическое пастырство» за вашу поддержку, дружбу и поощрение этого проекта.

Баптистской церкви Оберндейла и Реформатской баптистской церкви Луисвилла за то, что подарили нам удовольствие заботиться о ваших душах, в то время как мы стараемся заботиться о своих собственных.

Нашим женам и детям, которые безоговорочно любят и поддерживают нас, несмотря на то, что наши разрушенные души порой вносят хаос в наши семьи. Спасибо, что позволили Господу использовать вас как исцеляющий бальзам для наших измученных душ и место отдыха от тягот служения.

Верховному Пастырю, Иисусу Христу, Который спас нас Своей кровью, хранит нас, любит нас и заботится о наших душах так, что теперь мы можем служить Ему как Его младшие пастыри.

# ПРЕДИСЛОВИЕ

*«Сердце служителя — это сердце его служения»*

«Сердце служителя — это сердце его служения». Не помню, где я впервые услышал это высказывание, но забыть его больше не мог. И, однажды прочитав эту книгу, я никогда не захочу забыть ее. На этих страницах Джим Савастио и Брайан Крофт обращаются к основе любого верного и плодотворного служения — к душе пастора. Но, хотя их главная мишень — эпидемия гиперактивности служителей и сопутствующие ей выгорание, падения и сокрушение, они тщательно избегают преувеличений и противоположной крайности — монашеской замкнутости или ленивого потакания своим слабостям. Напротив, перед вами книга, которая искусно следует сбалансированным библейским путем как по содержанию, так и по стилю.

Эта книга помогает найти баланс между собой и другими. Да, суть служения пастора — в служении другим, в умении чем-то жертвовать ради их блага, в том, чтобы тратить и самому растрачиваться ради них, изливать себя, чтобы наполнять других людей. Но, как выяснили многие пасторы, заплатив за это знание высокую цену, слуги конечны, жертвы в итоге превращаются в пепел, неограниченные траты приводят к банкротству, а если изливать себя не наполняясь, то в результате наступает засуха. Эта книга напоминает нам, что забота о себе — не эгоизм, а необходимость в том случае, если мы хотим продолжать жить, заботливо служа другим. Это не оправдание лени или эгоизма, скорее это призыв заботиться о себе, чтобы лучше заботиться о других.

Эта книга помогает найти баланс между душой и телом. Хотя главной заботой пастора является его духовная жизнь, Брайан и Джим не попадают в западню гностического дуализма, который, принижая тело, сосредоточивается исключительно на душе. Да, душе уделяется приоритетное внимание, и в фокусе — именно духовная жизнь, однако авторы признают не только то, что наша душа оказывает влияние на наше тело, но и то, что наше тело влияет на нашу душу. Поэтому в этой книге вы найдете не только мудрое попечение о наших душах, но также и заботу о том, как мы спим, едим, занимаемся спортом и т. д.

Эта книга помогает найти баланс между отношениями с Богом и отношениями с другими людьми. Она побудила меня идти в общении с Богом глубже, дальше и шире. Книга возбудила во мне жажду и желание возобновить дружбу с моим Небесным Отцом, моим Спасителем и моим Освятителем. Но также она пробудила во мне стремление к более глубоким, продолжительным и всеобъемлющим дружеским отношениям с другими людьми. Авторы подчеркивают, что начинаются такие отношения с жены и детей пастора, но при этом также показывают, насколько необходимы в жизни пастора многие благочестивые друзья-мужчины.

В этой книге сбалансированы библейские наставления и личные примеры. Библейская экзегеза — основа этой книги, поскольку в ней рассматривают многочисленные ключевые стихи, в которых можно найти все, что Бог хочет сказать пасторам о заботе об их собственной душе. Но книга также предлагает множество личных примеров того, как Джим и Брайан испытали истинность этого учения в своем долгом пасторском служении. Благодаря их готовности быть откровенными и уязвимыми в отношении собственных неудач и успехов, книга получилась правдивой. Пасторы ясно почувствуют, что авторы сами побывали в окопах обычного каждодневного пасторского служения, сами получили много настоящих шрамов и несколько медалей за доблесть. Вы увидите реальность, а не реалити-шоу.

В этой книге сбалансированы общие принципы и подробное практическое применение. На протяжении всей книги раскрывается несколько великих истин — важных богословских принципов, которые потребуют внимания и размышления. Но как нам связать их с нашей жизнью? Каким образом спустить их с возвышенных богословских высот так, чтобы они прикоснулись к служению от воскресенья до субботы? В ответе на эти вопросы авторы преуспели. Они глубоко проникают в детали повседневной пасторской жизни. Теория становится чрезвычайно и глубоко практичной.

В этой книге сбалансированы сложность и возможность выполнения. Некоторые книги по пастырскому служению ставят перед собой настолько высокие цели, что их недостижимые стандарты парализуют и угнетают нас. Другие же, напротив, устанавливают настолько низкую планку, что служение принижается, а достоинство пасторского призвания оказывается запятнанным. Эта книга поднимает планку высоко, но не заоблачно. Она поощряет возвышенный взгляд на евангельский труд и требует высоких стандартов, но в итоге не ограничивает евангельское служение исключительно сверхлюдьми. Иногда вы будете восклицать: «...кто способен к сему?» Но вам быстро помогут ответить: «...способность наша от Бога» (2 Кор. 2:16; 3:5).

В этой книге вы найдете баланс между евангельским покаянием и евангельской надеждой. Ни один пастор не прочтет эту книгу без покаяния. Слезы раскаяния зальют страницы (или испортят ваш Kindle!). Но на этом все не заканчивается. Брайан и Джим наносят исцеляющий бальзам Евангелия на самые глубокие раны обличения. Но и это не все. Далее они увлекают и ободряют нас перспективой гораздо более здорового и счастливого служения. Да, все может быть по-другому. Прошлое не обязательно должно повторяться. Есть другой и лучший способ быть верным в этом призвании. Не обязательно тянуть эту лямку до пенсии по инвалидности или даже до преждевременной смерти.

Да, вы увидите проблесковые маячки и услышите вой сирены, если из-за вашей занятости и стресса присутствие Бога в вашей жизни превратилось в далекое воспоминание. Но вы также почувствуете перспективу и возможность другой, гораздо лучшей жизни в служении — такой, которая не опустошает ваше сердце, не истощает ваше тело и не подвергает опасности ваши самые важные отношения. Эта исполненная и исполняющая надеждой книга может изменить траекторию и тон всего вашего служения.

Спасибо вам, Джим и Брайан, за то, что написали настолько библейскую и сбалансированную книгу. Я искренне молюсь и горячо надеюсь, что Бог использует ее, чтобы забрать многих пасторов с духовной автосвалки и помочь многим другим не попасть туда. Пусть Бог благословит ваш труд, чтобы через него пасторы по всему миру убедились, что оживленная душа — это ключ к оживленному служению.

Доктор Дэвид Мюррей, профессор практического богословия, Пуританская реформатская богословская семинария

Март, 2018

# ПРЕДИСЛОВИЕ К ИЗДАНИЮ НА РУССКОМ ЯЗЫКЕ

Пасторское служение — это больше, чем статус или положение в церкви. Требуется и Божие призвание. И сердечное поклонение Христу. И искренняя любовь к Божьему народу. И глубокое сострадание к неверующим. И, конечно же, фундаментальные библейские знания. Но, помимо всех этих важных элементов, требуется немало практической мудрости. Или, другими словами, как применять библейскую истину в контексте своего служения. Ведь можно иметь и посвящение, и знания, и даже личное благочестие, но не понимать, как это воплощать в своем пастырстве. Порой братья пребывают в неведении или совершают досадные ошибки, которые серьезно препятствуют духовному плодоношению и успеху их служения.

Именно в этой сфере — практического пасторства — Бог наделил особыми способностями и дарованиями нашего брата Брайана Крофта. Будучи пастором не один десяток лет, он начал помогать служителям по всему миру, делясь с ними практической пастырской мудростью. Читая его книги, вы удивитесь, настолько одинаковы задачи и вызовы пастырства по всему миру, и насколько универсальны, просты и доступны его советы.

Пусть эти книги помогут вам вырасти в своем призвании, и подготовят вас помогать следующему поколению служителей!

От лица служения Экклезия,
Бахмутский Евгений Юрьевич
Пастор-учитель РБЦ

# ВВЕДЕНИЕ

Сегодня пасторы испытывают на себе огромное давление ожиданий, что они будут вести себя как сверхлюди. В конце концов, есть проповеди, которые нужно писать; собрания, которые нужно проводить; вдовы, о которых нужно заботиться; больные, которых нужно посещать; лидеры, которых нужно обучать; души, которые нужно наставлять; члены церкви, которых нужно назидать; греческий язык, который нужно изучать; служения, которые нужно направлять; и конфликты, которые нужно разрешать. Кроме того, есть жена, которую нужно любить и которой нужно служить; дети, о которых нужно заботиться; домашние задания, которые нужно выполнять; младенцы, с которыми нужно нянчиться; подростки, которым нужно устанавливать границы; уроки музыки, спортивные тренировки и игры, которые нужно посещать; дворы, которые нужно содержать в порядке; счета, которые нужно оплачивать; домашние животные, которых нужно кормить; и машины, которые нужно чинить. И, если вдруг осталось какое-то время, есть еще друзья, с которыми нужно пообщаться; семьи, с которыми нужно встретиться; поездки, в которые необходимо отправиться; мероприятия, на которые нужно сходить;

и братские советы, которые нужно организовать. Да я вымотался просто, пока составлял этот список! И тем не менее именно это — повседневная рутина многих пасторов. Пастор носится как сумасшедший от рассвета до заката, и у него практически не остается времени для неожиданностей и, самое главное, для самого себя.

По невероятной иронии судьбы, многие пасторы тратят свою жизнь на заботу о других, практически не обращая внимания на необходимость заботиться о себе. Почти всегда у этого есть последствия. Иногда они бывают катастрофическими. Только за последние шесть месяцев я сталкивался с пасторами, у которых распадались браки; с пасторами, совершившими самоубийство; с пасторами, пережившими нервные срывы и глубокую депрессию; с пасторами, перенесшими инсульты и инфаркты, вызванные стрессом. Все эти случаи объединяет одна общая черта — пренебрежение заботой о своей собственной душе.

Есть две причины, почему пасторы забывают о собственной душе. Во-первых, они поглощены задачами и давлением, связанными с заботой о других. Хорошее качество многих пасторов — рвение и глубокая убежденность в том, что Божьи младшие пастыри принимают призыв Верховного Пастыря — пасти Его стадо до Его возвращения (1 Пет. 5:2–4). Пасторы должны исполнять это призвание с жертвенностью, верностью, смирением и усердием. Однако нигде в Писании Бог не призывает пастыря пренебрегать ради этого собственной душой. На самом деле Павел говорит обратное, когда увещевает ефесских пресвитеров: «Смотрите за *собой* и за всем стадом...» (Деян. 20:28, НРП). Пасторы слишком часто позволяют этому благородному труду от имени Верховного

Пастыря поглотить и увлечь себя настолько, что забывают позаботиться о себе.

Во-вторых, пасторы пренебрегают собственной душой из страха перед тем, что они могут там найти. Большинство из нас поняли, что лучший способ избежать собственных проблем — сосредоточиться на чужих. Затем добавьте к этой дисфункции чрезвычайную занятость, которая гарантирует, что мы не делаем пауз, достаточно долгих, чтобы осознать страдания нашей собственной жизни и голод нашей души по Богу и Его присутствию. Пасторы, ощущающие постоянное давление, которое требует от них делать все правильно и иметь все и сразу, боятся заглянуть в самые темные уголки своей души. Они в ужасе от того, что могут там найти. Вместо этого они просто усердствуют. Они возводят фасад, которого ждут их церкви. Они улыбаются и проповедуют. И они продолжают заниматься служением, в то время как душа медленно умирает внутри. Мы продолжаем давить... Давить до тех пор, пока не наступает крах. Последствия этих волн часто бывают очень болезненными, а иногда и разрушительными.

Цель этой книги — помочь пасторам сейчас, т.е. до того, как эти волны обрушатся; дать надежду тем пасторам, которые уже плавают посреди обломков крушения, пытаясь как-то собрать их воедино. Эта книга призывает всех пасторов выйти из тени занятости и искусственности, мужественно остановиться и честно взглянуть на то, кем они являются перед Богом. Эта книга заставляет каждого пастора задуматься о том, что сильное, подлинное, мощное служение возникает в первую очередь из сознательного решения заботиться о себе прежде, чем заботиться о других. Мы уверены, что для достижения долговременных результатов необходимо задействовать четыре основные сферы заботы: библейскую, пасторскую, духовную и физическую.

Именно эти сферы формируют четыре основные части данной книги. Мы с Джимом разделили между собой эти четыре области в надежде, что вам принесут пользу оба наших голоса, — голоса, за которыми стоят разный опыт и разное прошлое. И все же наши голоса в итоге встречаются в середине, где, по нашему убеждению, находится единственное место, в котором можно найти заботу, исцеление и надежду для души пастора. Прочтите эту книгу и найдите время для того, чтобы отпустить. Отпустить давление необходимости заботиться о других. Отпустить страх заглянуть вглубь себя. Посмотрите, что там есть. Пригласите туда Иисуса. Примите Его благодать, которая вам доступна так же обильно, как и тем, ради кого вы так преданно трудитесь.

*Брайан Крофт*
*Январь, 2018*

# ЧАСТЬ 1

# БИБЛЕЙСКИЕ ПОВЕЛЕНИЯ ДЛЯ ПАСТОРА

## Джим Савастио

# 1

# СМОТРИТЕ ЗА СОБОЙ

На прошлой неделе это снова произошло. Несомненно, вы слышали новость о каком-нибудь пасторе, который оставил свою церковь из-за безнравственности или выгорания. В зависимости от того, кем вы являетесь, вы могли отреагировать на эту новость по-разному: либо огорченно развели руками, либо восприняли ее как предупредительный выстрел, посланный вам свыше. Это мог быть я! Возможно, это должен был быть я. Не исключено, что за эту книгу вы беретесь с чувством, что держитесь из последних сил. Возможно, в течение уже нескольких месяцев в вашей личной жизни было мало настоящей духовной энергии. Вам кажется, что вы работаете на последнем издыхании, проповедуя Христа, Которым лично вы уже давно не дорожите. Возможно, вы снова оступились и пошли на компромисс в вопросе нравственности или отношений. Вы много раз говорили себе, что это должно прекратиться, иначе это — конец вашего служения, и все же продолжаете ощущать свое поражение, обреченность или, что еще хуже, ожесточение. Возможно, вы решили прочитать эту книгу в надежде, что она поможет вам продержаться еще пару месяцев, прежде чем на вас свалится очередная задача.

Дело в том, что вы начали утомляться, делая добро (Гал. 6:9). Мысль об очередном братском или членском собрании причиняет вам страдания, лишает необходимого отдыха и христианской радости. Кажется, будто каждый второй день — воскресенье, и вы прекрасно знаете, что следующий отрывок не будет исследовать и проповедовать сам себя. Вы уверены, что давление служения не ослабевает. Вполне возможно, что я описал не вас. Возможно, вы находитесь в самой гуще нового и процветающего служения. Возможно, Господь очень милостив к вам, и еще никогда ваши дела не шли так хорошо. Я рад, если это так. Хотел бы я сказать вам, что вы больше никогда не будете проходить через мрачную долину. Если вы живете и служите в этом ветхом проклятом мире достаточно долго, то тяжесть служения в какой-то момент настигнет вас.

В первой лекции для своих студентов пастор Чарльз Сперджен затронул тему «Как служителю смотреть за собой». Тот, кого называли «королем проповедников», был знаком не только с огромным публичным успехом, но часто и вдохновенно рассказывал о своей частной жизни, которая была источником этой общественной власти.

> *Напрасно буду я пополнять книгами свою библиотеку, создавать общины, строить системы, если не буду заботиться о своей собственной душе, потому что книги и всякого рода деятельность и системы являются лишь последними орудиями исполнения моего священного призвания; наиглавнейшим же оружием моего священного служения является мой собственный дух, моя душа и мое тело; мои духовные способности*

*и внутренняя жизнь моим оружием в этой священной борьбе. В письме к одному своему другу-пастырю, который отправился на континент для усовершенствования немецкого языка, Мак-Чейн писал почти в таких же самых выражениях: «Я знаю, что ты приложил много усилий для усовершенствования немецкого языка, но не забывай о развитии внутреннего человека, я имею здесь в виду твое сердце. Как усердно конный офицер заботится о том, чтобы его сабля была чистой и острой; он с особой тщательностью стирает каждое на ней пятнышко. Помни, что ты являешься мечом Божиим. Его орудием — избранным Им сосудом прославлять имя Его. В значительной степени от чистоты и совершенства этого оружия будет зависеть успех. Не столько блестящие способности благословляет Бог, сколько стремление уподобиться Иисусу. Праведный проповедник является мощным оружием в руках Господа»* [1].

## Понимание себя

Что значит смотреть за собой и каким образом этот основополагающий пастырский долг помогает вам быть настойчивым и радостным в служении? Возможно ли выдержать испытания и скорби, сопровождающие верное служение? Апостол Павел верил, что это возможно. Он говорил руководителям ефесской общины, что, несмотря на гонения, которые, как он знал, предстоят на его пути, он с радостью ожидает завершения своего забега и служения, вверенного ему Иисусом (Деян. 20:24). Не без уз, не без скорбей, но с радостью. Каким образом? Возможно ли, чтобы люди сохраняли чистоту, непорочность и радость во все дни своего служения? Я не говорю о безгрешности, не говорю

---

[1]  Сперджен Чарльз. Лекции моим студентам. СПб: Библия для всех, 1998. С. 1–2.

о постоянном ощущении «пребывания на вершине горы». Но также я не говорю о возникновении мозолей или развитии цинизма, защищающего вас от эмоционального вреда. Можем ли мы сохранить живое общение с живым Богом, любовь к Слову и любовь к народу Божьему на протяжении долгого времени? Я смело заявляю, что ответ на этот вопрос — «да». Средства для этого четко изложены в Божьем Слове и доступны каждому служителю Евангелия. В письме к своему молодому ученику Тимофею апостол Павел пишет:

«Вникай в себя и в учение; занимайся сим постоянно: ибо, так поступая, и себя спасешь и слушающих тебя» (1 Тим. 4:16).

«Вникай в себя» — это не совет. Это повеление, которое следует выполнять каждый божий день. Термин «вникай» в разных переводах толкуется как «внимай себе», «смотри за собой» или «внимательно следи за собой». Иначе говоря, не игнорируй себя. Что мы должны вынести из этого апостольского увещевания? Разве благочестивые служители не должны отличаться самозабвенностью? Важно понимать, что, давая это повеление пасторам, Павел не противоречит себе.

Как в таком случае праведному служителю подобает обращать на себя внимание? Хотя человеку не следует зацикливаться на себе, он должен осознавать, кем он является, как он поступает и почему. Он должен понимать состояние своей души. У него должны быть какие-то инструменты, используя которые он сможет оценивать свое хождение со Христом, свою цельность и то, насколько его сердце открыто для других. Служитель должен быть в состоянии ответить на суде собственной совести либо в любящей беседе с женой или коллегой на вопрос: «Как твои дела на самом деле?» Дело здесь не в том, насколько хороша или эффективна ваша проповедь, и не в том, какова ваша репутация среди других людей. Этот вопрос не связан с размером вашей церкви — он обращен к вам как к человеку. Первый вопрос не в том, заметно ли мое падение для окружающих и повлияло ли оно на мое публичное служение... Вопрос в том, кто я и что я перед Богом, когда никто меня не видит?

### Кто я?

Уделю немного времени вопросу «кто я?». Здесь нужно рассмотреть проблему вашей идентичности. Я призываю вас обдумать следующие три пункта и разобраться с ними перед Богом.

### Я — человек

Первое, что вы должны понять о себе, — вы всего лишь человек. В Псалме 102 автор призывает себя и других к ежедневной, здоровой, сердечной хвале Богу в свете того, Кто Он есть, что Он сделал и продолжает делать для нас. Псалмопевец осознает, что в его жизни есть несоответствие между очень хорошим богословием и жизненной практикой. Если Бог такой добрый, милосердный, щедрый и прощающий, как я могу не воздавать Ему хвалу? Чтобы побудить свое сердце к искреннему поклонению, автор перечисляет благословения, которые Бог излил на него и весь народ завета. Среди этих благословений — то, как Бог видит нас в нашей человеческой природе.

> 99 *...Как отец милует сынов, так милует Господь боящихся Его.*
> *Ибо Он знает состав наш, помнит, что мы — персть.*
>
> *Псалом 102:13–14*

Во всех отношениях со своими детьми Бог помнит, что мы — прах. В последующих стихах немного объясняется смысл этих слов. Они значат, что мы — временные, хрупкие, слабые и даже смертные. Мы не сверхлюди. У нас нет безграничной способности трудиться и служить. Мы изнемогаем и падаем духом. Мы ограничены в способности понимать и доносить истину до других. Мы ограничены в способности делать добро другим. В глазах Бога мы похожи на маленьких детей великого художника, — детей, которые не могут раскрасить картинку. Отец знает, что мы такие. Но для Него это не повод испытывать отвращение или ругать нас за неудачи. Когда мы просто ведем себя как люди (в отличие от сознательного совершения греха или бунта), сердце Бога исполнено по отношению к нам жалостью и состраданием. Хрупкость, присущая вашей человеческой природе, может стать поводом для огорчения или стыда для вас, но не для вашего Отца.

Все люди в служении — всего лишь люди. Ваша совесть истекала кровью, когда вы читали биографию какого-нибудь великого святого прошлого, в которой рассказывалось о его великих способностях, безграничной человечности и неослабевающей, пламенной преданности. Читая это, вы задумывались о том, насколько же недостойный слуга вы сами. Но великий служитель, биографию которого вы читали, тоже был недостоин. У этого святого, которого Бог благословил настолько обильно, была, как и у Илии, природа, подобная нашей.

Вам нужно понять свою идентичность: вы — обычный человек. У ваших даров, мудрости, способностей и служения ограниченный потенциал. Вы не всемогущи и не всеведущи. У вас нет власти заставлять людей принимать ваши советы или претворять в жизнь то, что вы проповедуете и чему учите. Вы должны признаться в этом бессилии и перед собой, и перед другими. Вы не являетесь и не можете быть идеальным пастором, идеальным мужем или отцом. Придет время, как это неоднократно случалось со мной, когда вы будете исповедоваться не только в грехах, связанных с вашим призванием, но и в слабостях, которые влияют на вашу жизнь и служение. Случалось, что вы не добивались желаемого успеха только потому, что вы человек. Заблудший член вашего стада не возвращался; семьи, которым было трудно ужиться вместе, уходили из церкви; пара, переживавшая трудности в браке, разводилась. Не каждая история — это триумф благодати. Мы многое можем сделать в служении, но в конечном счете это не так уж много. Мы не бесконечны, мы не неутомимы, у нас нет прямого доступа к совести каждого. А у Бога все это есть. И когда Он видит, что мы не Бог, Он не сердится и не расстраивается. Он знает, что вы всего лишь прах — да, славный, сформированный прах, в котором обитает Дух, но все же прах.

*Я в союзе с Христом*

Второе, что вам нужно принять, — вашу идентичность во Христе. Бог не видит в вас прежде всего пастора, Он видит в вас Свое дитя. Он видит в вас того, кого Он возлюбил еще до основания мира. Его мнение о вас в каждый конкретный момент не зависит от того, насколько хорошо или плохо вы справляетесь на своем посту. Надеюсь, что ваши проповеди неизменно точные, ясные и практичные, а иллюстрации в них подобраны правильно. Какие-то проповеди будут лучше других. Раз или два в год вы можете даже проповедовать «консервы» — вашу старую проповедь. Будь эта проповедь рыбой, вы бы задумались, не стоит ли отправить ее таксидермисту. Но давайте будем откровенны: большинство вашей «рыбы» либо выбрасывают обратно в воду, либо просто съедают, после чего она исчезает. Если ваша идентичность связана с восторгом людей от вашей последней проповеди или с их преображением после часа-двух хорошего консультирования, поздравляю — вы на верном пути к другой профессии. Есть веская причина, почему так много людей «раньше были пасторами».

В наши дни понимание своей идентичности во Христе очень важно для служения пастора. Если у вас есть доступ к социальным сетям, если вы читаете рецензии на новые выдающиеся книги или посещаете актуальные большие конференции, у вас появится соблазн сравнивать себя с другими. Результатом такого сравнения может стать печаль, горечь или презрение к себе. Недавно я посмеялся над цитатой пары влиятельных пасторов в социальной сети. Они написали, что, по их мнению, «лучше всего — это маленькие церкви в несколько сотен человек». Несколько сотен человек? Маленькая церковь? Я подумал: «В каком мире живут эти ребята, если для них это маленькая община?» Я могу предположить, что многие из тех, кто читает эту книгу (кстати, как и один из ее авторов), проповедуют менее чем перед сотней человек, а некоторые — меньше, чем перед пятьюдесятью. Если бы я считал, что не «успешен», поскольку у меня всего несколько сотен членов, я бы не выдержал. Моя идентичность основана не на том, как часто меня просят проповедовать в других общинах, и поднимаюсь ли я по лестнице к кафедре спикера на конференциях. Она не зависит от наличия успешного блога или написанных книг. Моя идентичность основана на том факте, что я грешник, который стал святым в союзе со Христом. Пастор самой большой церкви в мире получает все небесные благословения не в бóльших количествах, чем пастор, проповедующий десятку человек. Пастор, чьи проповеди набирают тысячи просмотров, не более и не менее любим Богом, чем человек, чьи годы труда быстро забудутся.

### Я — пастор

Третье, что вы должны принять, — это вашу идентичность пастора. Мы склонны делать ее своей главной идентичностью. Ведь это то, чем мы занимаемся, и в наших мыслях именно пастырство определяет, кто мы есть. Я не просто пастор какой-то церкви. Это не то, что я делаю, это то, кем я являюсь. Я делаю то, что делаю, потому что я тот, кто я есть. Я — пастор. Быть пастором, с библейской точки зрения, означает по крайней мере две вещи. Во-первых, это значит, что Триединый Бог избрал вас для этого высокого и святого призвания. Воскресший и прославленный Иисус благословил церковь даром пастыря и учителя (см. Еф. 4:11). Павел сказал о себе и своих спутниках, что «Бог удостоил нас того, чтобы вверить нам благовестие». Эта мысль потрясает, отрезвляет и в итоге освобождает. Не я призвал или одарил себя. Если сейчас я пастор определенной церкви, то это произошло благодаря Суверенному Царю неба и земли.

Во-вторых, если вы пастор, это значит, что какая-то поместная община рассмотрела вашу жизнь через призму квалификационных требований к руководителю церкви, изложенных в 1 Тимофею 3 и Титу 1. В свете вашей жизни и вашего дара они призвали вас пасти это стадо. Ни Божье призвание, ни одобрение общины не должны быть основанием для хвастовства или превозношения над паствой. Но они должны быть основой уверенности и надежды посреди проблем или усталости. Подтверждая подлинное библейское призвание, пастор может сказать Богу и пастве: «Я не искал этого сам и не призывал себя ни к этой работе, ни к служению этому собранию. Я нахожусь здесь с пониманием, что Христос дал меня вам как дар. Дар, который вы признали и приняли». Вот кем мы являемся. Людьми во Христе, призванными к служению. Это базовое понимание крайне важно для нашего наблюдения за собой.

*Почему у нас не получается смотреть*

Смотреть за собой — это не просто вопрос понимания и принятия нашей человеческой природы. Это вопрос труда, который мы совершаем под влиянием Духа, руководствуясь предписаниями Божественного откровения. Библия никогда не расточает своих повелений. В ней нет повеления дышать, ведь в такой заповеди нет необходимости. Нас предостерегают в тех сферах, в которых мы в этом нуждаемся, в которых потерпели неудачу или которыми можем пренебречь. Пасторам необходимо объяснить, что они должны внимательно следить за собой, поскольку всегда есть искушение игнорировать этот жизненно важный вопрос. Что может заставить человека не обращать на себя внимания? В каком виде может прийти искушение пренебречь этой обязанностью, ясно сформулированной в Божьем Слове?

*Мы слишком заняты*

Первая область — это занятость, основанная на служении другим. Скорее всего, вы слышали о каком-нибудь враче, который не спит и не ест часами, так как заботится о других людях, которые находятся в критической ситуации. Он может сказать другому: «Тебе нужно поесть! Тебе нужно поспать!» И все же сам он продолжает жить без этих критически необходимых вещей. Он вполне может думать, что незаменим, что без него люди погибнут, что не может позволить себе сделать перерыв! Некоторые служители пребывают в таком же заблуждении. Другие могут ощущать давящую тяжесть, которая исходит от требовательной паствы. Пасторы часто сетуют: «Я уделяю внимание стольким людям и вопросам, что не могу позволить уделить внимание себе». Требования публичного и частного служения (руководство церковью, консультирование в кризисных ситуациях, просвещение заблудших и множество других обязанностей) могут заставить нас пренебречь отдыхом и обновлением, в которых мы так нуждаемся.

Можно так много времени уделять работе над здравыми проповедями и поиску публичных и частных возможностей помочь людям расти, что мы не сможем позаботиться о том, чтобы наши собственные души были накормлены. Павел сказал Тимофею не забывать, что трудолюбивый земледелец должен сам получать часть урожая — фактически он должен первым вкушать пищу, которую выращивает для других (2 Тим. 2:6). Если вернуться к нашей аналогии, то врач, который ест и спит, принесет больше пользы большему количеству пациентов в течение длительного времени в сравнении с доктором, который изнуряет себя работой. Максимальную пользу душам других людей приносит тот пастор, который сам сознательно трудится над тем, чтобы быть духовно здоровым.

*Мы слишком профессиональны*

Второй причиной невнимания к себе является досадная форма профессионализма, или то, что Чарльз Сперджен называл «формальным проповедничеством». Профессионализм в служении возникает тогда, когда человек начинает смотреть на Библию или на свою молитвенную комнату с точки зрения своей работы, а не с точки зрения искупленной человеческой природы. Библия — эта книга книг — может стать для человека учебником, по которому он готовит проповеди для других, а не средством питания собственной души. Как однажды выразился один мой друг: «Иеремия сказал не: „Обретены слова Твои, и я изложил их...“, но „Обретены слова Твои, и я съел их...“» (Иер. 15:16)!

Подготавливая группу братьев к служению, Сперджен предупреждал их об искушениях, с которыми они будут бороться:

> …самой страшной ловушкой является формальное проповедничество — тенденция формально читать Библию, формально молиться; формально исполнять все религиозные требования, не лично, а только относительно заинтересованно… О братья, как трудно это делать. Наше звание, вместо того чтобы помогать нашему благочестию, как многие утверждают, вследствие испорченности нашей природы только затрудняет его путь [2].

---

[2]  Сперджен Чарльз. Лекции моим студентам. С. 7–8.

Мы, пасторы, прежде всего сами должны питаться Божьим Словом и изменяться под его воздействием, и лишь после этого мы сможем питать им других и насыщать этим их души.

### Уделяйте внимание вашей духовной жизни

Если человек хочет поддерживать духовную бодрость на протяжении десятилетий служения Христу, он должен следить за своей собственной жизнью. Это означает, помимо прочего, что ему следует сохранять личную, преданную и полную любви привязанность к Христу. Он должен использовать те же средства благодати, к которым призывает прибегать членов своей церкви для возрастания в благодати и познании Господа Иисуса. Компетентность в систематическом богословии, базовое знание языков оригинала и приверженность вероисповеданию не заменят этих любящих, личных и крепнущих отношений с библейским Иисусом. Иисуса можно познать, и на самом деле Он рад быть познанным. Павел не был ни новообращенным, ни новичком в служении, когда писал филиппийской церкви, что все почитает за тщету, лишь бы познать Христа и силу воскресения (Флп. 3:9–10). Чтобы достичь этой цели, он обращался к Писанию и проводил время в молитве. Он собирался вместе с Божьим народом и наслаждался духовным общением и отношениями с ним. Он устремлял свой ум к горнему, а не к земному. Для этого требовались убежденность, усилия и помощь Святого Духа. Павел стремился к этому познанию на протяжении десятилетий. После многих лет познания Христа страсть Павла к Его ощутимому присутствию и желание общаться с Ним только углубились. Личное переживание непостижимого богатства Христа оставалось неизменным на протяжении десятилетий жизни апостола.

Это происходит не просто так. Душа склоняется в любви ко Христу чаще всего медленно и незаметно. Подобно церкви в Ефесе, мы можем быть заняты, придерживаться ортодоксального богословия и, казалось бы, процветать, несмотря на то что наша первая любовь исчезла с радаров. Поражает, насколько серьезно Господь Иисус относится к этому вопросу в церкви. Они были серьезными и правоверными, и при этом рисковали утратить свой свет (который я воспринимаю как ощутимое присутствие Христа — то самое, что делает их истинной церковью). Как получилось, что такой общинный упадок произошел, когда люди все еще собирались, когда звучали проповеди, песни и молитвы? Ни одной из этих вещей самой по себе недостаточно для того, чтобы сердце согревалось Иисусом.

Как пасторы, мы должны посвятить себя этому аспекту отношений, а не полагаться на свои профессиональные исследования. Подготовка проповеди не заменяет ежедневного изучения Слова и молитвенного размышления над ним для блага собственной души. На момент написания этого текста я хожу с Господом Иисусом чуть больше 40 лет. Это более 14 500 дней, каждое утро которых наполнялось новыми милостями Господа. Если Господь благословит меня еще 40 годами, у меня будет более 30 000 дней, которые я постараюсь провести в Слове и молитве. Любой, кто ходил с Господом, скажет вам, что некоторые из этих дней в Слове легче, лучше и приятнее других. Главное здесь — настойчивость. Иисус учил, что суть вечной жизни заключается в познании Бога и посланного Им

Иисуса Христа (Иоан. 17:3). Я давно дорожу этими словами пророка Иеремии:

> *Так говорит Господь: да не хвалится мудрый мудростью своею, да не хвалится сильный силою своею, да не хвалится богатый богатством своим. Но хвалящийся хвались тем, что разумеет и знает Меня, что Я — Господь, творящий милость, суд и правду на земле; ибо только это благоугодно Мне, говорит Господь.*
>
> Иеремия 9:23–24

У нас, пасторов, есть то, чем мы склонны превозноситься. Мы можем превозноситься своей мудростью; количеством книг в нашей библиотеке (независимо от того, прочитали мы их или нет, выглядят-то в нашем кабинете они впечатляюще!); своими учеными степенями; конференциями, на которые нас приглашали проповедовать; местами, куда нас привело наше служение; и, конечно же, размером нашей общины. Мы даже можем поддаться другим искушениям, о которых говорится в тексте. Мы можем хвалиться своей физической формой (сколько ты можешь отжаться? как быстро и далеко можешь пробежать?) и своим имуществом (пусть и скудным). Но можем ли мы искренне утверждать, что понимаем и знаем Господа? Эти два термина совпадают только отчасти. Понимание Господа — это вопрос откровения. Вы знаете, каков Бог. Если вы не знаете, кто такой Бог и какой Он, вам нечего делать в служении! Но знаете ли вы Его? В тексте используется язык любви и отношений. Это язык близости. Когда Осия призывает Израиль к покаянию, он не только повелевает ему оставить своих идолов и вернуться к Господу, но и призывает израильтян «стремиться познать Господа» (Ос. 6:1–3). Ведь и величайшая заповедь заключается в том, чтобы любить Господа Бога нашего всем своим существом.

Чтобы узнать человека, вы должны проводить с ним время, слушать его, разговаривать с ним. Будучи служителями, посвятившими себя проповеди Слова, мы должны проводить время с Библией. Библия — это наш набор инструментов, это, грубо говоря, наш «производитель проповедей». Братья, после многих лет исследования и проповедования, по-прежнему ли это Слово дорого для вас? Просите ли вы Господа дать вам свежести среди того, что может превратиться в постылую рутину? Возможно, ваша душа сопротивляется этому предостережению, обвиняя его в законничестве. Попросите Господа помочь вам увидеть Слово таким, какое оно есть — лучше величайшего богатства и восхитительнее самых сладких и изысканных блюд. Триединый Бог, с Которым вы общаетесь, — это непостижимое Существо, о Котором вы знаете лишь «части путей Его».

### Уделяйте внимание вашим отношениям

В этом вопросе есть два аспекта. Пастор должен смотреть за своей семейной жизнью и жизнью в церковном теле. Само собой разумеется, что у большинства мужчин-служителей есть семьи. Квалификационные требования для пасторского служения, приведённые в 1 Тимофею 3 и Титу 1, предполагают это. Брайан и его жена Кара написали замечательную книгу «Семья пастора»[3]. Я настоятельно рекомендую прочитать её внимательно вам и вашей жене.

---

[3]   Брайан и Кара Крофт. Семья пастора. Самара: Благая весть, 2024.

Обретение и поддержание семейного счастья — это не только основание для вступления в служение, но и ключевой аспект личной радости в церкви и вне ее. Немалую часть нашей душепопечительской заботы будет составлять работа с браками и семьями, которые нуждаются в помощи или переживают кризис. Как обстоят дела с вашей собственной женой? Не отняли ли у вас годы любовь и преданность жене вашей молодости? Не позволили ли вы требованиям пасторского служения сформировать «святой щит», позволяющий вам пренебрегать ею? Слишком много мужчин-служителей не могут честно разобраться с этой областью своей жизни. Проще удовлетворить потребности других, чем потребности собственной жены. Мы можем приходить домой эмоционально и даже словесно истощенными и ожидать, что супруга пожертвует своим удовольствием от брака из-за того, что мы так сильно мы нужны другим людям.

Особые требования служения никогда не оправдывают пренебрежения общими требованиями ученичества. Братья, вот вам вопрос: можете ли вы в присутствии вашей супруги проповедовать по различным отрывкам, посвященным обязанностям мужа, не опасаясь при этом сокрушительных обвинений в лицемерии? Если мы смотрим за собой, мы должны быть в состоянии показать, что не пренебрегаем теми самыми истинами, которые используем для помощи другим. Уже давно меня восхищает повеление Павла из Послания к Колоссянам 3:19 мужу любить свою жену и не быть к ней суровым. Как эти две вещи вообще сочетаются друг с другом? Как получается, что мужчина может быть суровым к своей супруге, даже если стремится любить ее? Думаю, потому что любовь в семье — это действительно нелегкая обязанность.

А что с нашими детьми? Смотреть за собой означает серьезно относиться к поручению, данному нам как отцам. Проповедь, которую нужно сказать, и души, которые требуют надзора, никогда не должны становиться тем алтарем, на котором мы приносим в жертву наших детей. Любить свою жену и детей в течение долгого времени — значит позволить своему дому стать приютом для себя и для всех тех, кому вы служите гостеприимством. Для поддержания и возрастания этой любви нам необходимо смотреть за собой, быть очень внимательными и не пренебрегать этими жизненно важными отношениями.

А что насчет отношений с Телом Христовым? Более подробно я рассмотрю эту тему в следующей главе, посвященной роли пастора как служителя церкви. Сейчас я хочу подчеркнуть, что важно обратить пристальное внимание на себя в контексте любви к братьям и сестрам, которым вы служите, с которыми вы общаетесь и вместе с которыми поклоняетесь. Слишком многие в служении воздвигают стену профессионализма в отношениях с Телом Христа. Если у пастора и есть глубокие дружеские отношения, то это, как правило, дружба с другими мужчинами в служении. Община — это группа людей, которым мы служим, а не сообщество святых, в которых вся наша радость. Однако народ Господень — это не просто нуждающиеся души, которым мы служим советом и проповедью, но наши братья и сестры, которых мы очень любим. Есть много вариантов, как эти отношения могут подвергнуться испытаниям. Мы, как правило, много знаем о грехах, одолевающих наших людей. Это может привести к недостатку уважения и признательности за их настоящие добродетели. Вполне возможно, что ваша усталость и гнев могут возникать из-за тех людей в церкви, которые, как кажется, постоянно подвергают сомнению ваши проповеди или руководство.

Наше стремление любить других всегда будет подвергаться испытаниям. Испытания будут приходить из-за грехов и человеческой природы объекта нашей любви, а также из-за наших собственных грехов и человеческой природы. Есть ли в вашей церкви люди, которых вы не хотите видеть или слышать? Знакомо ли вам такое чувство: кто-то звонит вам по телефону, на экране высвечивается имя этого человека, и вы начинаете ощущать тяжесть отвращения? Мы должны наблюдать за этими семенами (или уже выросшими растениями) горечи, разочарования и цинизма в отношении тех, кто действительно драгоценен в глазах Господа. Наша любовь должна быть нелицемерной, мы должны испытывать любовь, которая не мыслит зла, не исполнена горечи и долготерпит.

### Уделяйте внимание своей нравственной целостности

К сожалению, огромное количество пасторов не уследили за своей нравственной жизнью. Пасторы, которые впали в порнографическую зависимость, находятся в неподобающих отношениях с женщинами, жестоко обращаются с детьми, пользуются своей властью как дубиной, скрывают свою гомосексуальность или обкрадывают свою общину, — все они наносят неисчислимый ущерб церкви. Такие вещи дают язычникам повод для богохульства.

Всякий раз, когда я сталкиваюсь с очередной такой историей, особенно если она касается кого-то из моих знакомых, у меня возникает множество вопросов. Когда это началось? Как это началось? В какой момент этот мужчина сдался?

В какой момент он отказался от животворящего принципа страха Божьего и превратил свое служение в шоу? Как можно было так проповедовать и публично исповедовать такие великие истины, когда его личная жизнь потерпела крушение?

Многие пасторы в настоящее время ведут греховный образ жизни, но продолжают учить, проповедовать, заниматься консультированием. Они ведут блоги и пишут книги. Может казаться, будто их публичное богословие и одаренность не изменились, но подлинное благословение и помазание Духа покинули их. Они подобны связанному веревками Самсону, который верит, что как прежде встанет и освободится, не понимая, что Господь оставил его. В действительности эти падения оказываются медленным спуском вниз. Это произошло не сразу. Не было такого, что начинали они день в страхе Господнем, а заканчивали его в постели чужой женщины. Они перестали следить за собой, понемногу отходили от молитвы и сердечной любви к Господу. Немного поспали, немного подремали, немного сложа руки полежали — и вот они уже настолько отдалились от Христа, что и сами не знают, как тут оказались.

Повеление Соломона дошло до нас из глубины веков: «Больше всего хранимого храни сердце твое, потому что из него источники жизни» (Притч. 4:23). Остерегайтесь маленьких грехов, которые, подобно лисятам из Песни Песней Соломона, несут большую опасность. Это маленькие лисята вроде долгого взгляда, флирта, который кажется невинным, просматривания соцсетей какой-то женщины, ноющей горечи или мнимой обиды, злости на то, что вас не признают или не ценят. А не разрушается ли понемногу ваша совесть, пока вы ищете утешение, проводя часы в неосторожных развлечениях?

Пасторы, а не подставляете ли вы свою грудь огню и не идете ли по горячим углям, надеясь, что не сгорите и ноги свои не обожжете? Не злоупотребляете ли вы чудесами спасения по благодати, полагая, что можете беззастенчиво грешить и все же оставаться на правильном пути?

Апостол Павел давно предупреждал высокомерных коринфян, говоря: «Посему, кто думает, что он стоит, берегись, чтобы не упасть» (1 Кор. 10:12). В десятой главе 1 Коринфянам Павел обсуждает с паствой грехи поколения, блуждавшего в пустыне. Как и коринфяне, израильтяне пользовались великими духовными благословениями (они были освобождены от рабства, прошли через Красное море, слышали голос Бога с горы, когда Он даровал им десять заповедей), но все же впали в идолопоклонство и сексуальные грехи. Эти вещи, говорит Павел, записаны в Библии, чтобы помочь нам посмотреть на самих себя. Они даны для того, чтобы быть для нас отрезвляющим сигналом, если мы начинаем уходить в сторону или идти на компромиссы. Не думайте, что, если у вас глубокое богословие, богатый духовный опыт, великие дарования или вы приносите большую пользу, это освобождает вас от необходимости следить за своим сердцем. Мы должны помнить предупреждение Соломона о том, что многие из тех, кто ложился в постель с чужой женой, были «сильными мужчинами». Благодать призывает нас бежать от первых же проявлений греха, она удерживает нас от принятия лжи врага.

Есть то, что дает пасторам и другим верующим уверенность и защищенность. Речь о тех, кто ежедневно ходит с Господом, кто живет в страхе Божьем, кто искренен перед Богом и людьми. Остерегайтесь грехов огорчения и неблагодарности, эгоистичной внутренней сосредоточенности на том, как плохо обстоят дела в вашем служении, как Бог не выполнил свою часть договора, или на чем-либо еще в вашей жизни, что оправдывает ваше потакание греху или заигрывание с этим миром. Смотрите за собой, дорогие братья, ибо именно в этом тщательном исследовании себя перед лицом нашего всезнающего Бога мы находим безопасность, уверенность и защиту для наших душ.

# 2

# СМОТРИТЕ
# ЗА СВОИМ УЧЕНИЕМ

Я предполагаю, что раз вы читаете эту книгу, то для вас важно учение. Возможно, вы один из тех, кто назвал своих детей (или домашних питомцев) в честь какого-нибудь известного пуританина или великого проповедника прошлого (я знал человека, который назвал свой автомобиль именем Октавиуса Уинслоу). Возможно, именно ваша любовь к учению и желание углубиться в богословие привели вас на поприще служения. Но, как и в случае с любым физическим или умственным навыком, прошлые достижения или нынешние успехи не гарантируют верности в будущем.

## Учение важно

Наш Бог — это Бог, Который общается. Он говорит посредством слов, предложений и утверждений. Он любит истину и ненавидит заблуждения. Он также является Богом точности. Слова важны. Истину можно знать, формулировать, защищать и распространять. Некоторые доктрины на протяжении всей истории переживают взлет и падение из-за отдельных слов или нюансов в предложениях. Иисус — это бог или Бог? Иисус — это *один из* путей на небеса или *единственный* путь к Отцу? Какова связь между верой и делами? В чем разница между оправданием и освящением? Действительно ли важно мне не соскользнуть в законничество или антиномизм?

Павел ясно дает понять, что, хотя наше учение должно демонстрировать любовь и смирение, оно также должно обладать безжалостной стойкостью. Павел беспокоился о том, чтобы тело истины, переданное церкви, охранялось силой Святого Духа и передавалось в целости и сохранности из поколения в поколение (2 Тим. 2:2). Когда дело касалось основ Евангелия, Павел не шел на уступки. Именно поэтому он наставлял Тимофея смотреть не только за собой, но и за своим учением:

> *Вникай в себя и в учение; занимайся сим постоянно: ибо, так поступая, и себя спасешь, и слушающих тебя.*
>
> 1 Тимофею 4:16

Проведя десятилетия в служении, Павел умолял подрастающее поколение проповедников вникать в свое учение и проповедовать Божье Слово внимательно, даже если оно не пользуется популярностью.

На момент написания этой книги евангелический и реформатский лагеря переживают эпоху доктринального возрождения. Когда я переехал в Луисвилл, штат Кентукки, в 1990 году, Южная баптистская богословская семинария (как и Пресвитерианская семинария) в своем богословии была довольно либеральна. Это либеральное учение повлияло на церкви, пасторами в которых стали выпускники этих учебных заведений. Было время, когда лишь немногих интересовало и заботило богатое доктринальное наследие, изложенное в великих вероучениях и исповеданиях церкви. Я помню, какой трепет охватывал меня, когда я слышал о какой-нибудь пасторской конференции, на которой могли собраться три-четыре сотни братьев, чтобы услышать, как богатые истины Божьего Слова провозглашают нашему поколению. Если бы тогда я услышал о конференции с участием более тысячи человек, я бы поддался искушению стать постмиллениалистом. Как многие из вас знают, Луисвилл стал чем-то вроде «нулевой точки» богословски богатого, ориентированного на Евангелие возрождения. Здесь и в других местах проводятся конференции, на которые собираются до десяти тысяч человек, желающих услышать насыщенное учением изложение Слова Божьего. Тот факт, что мы живем в такое время, не повод расслабиться и снять доспехи. Павел увещевал относиться к учению с вниманием и убежденностью в то время, когда еще были живы апостолы. Если церкви, основанные Павлом и Петром, должны были охранять свое учение, если такие мужи, как Тимофей и Тит, должны были мужественно принять апостольское богословие целиком и полностью, то и мы сегодня не вправе ослаблять свое усердие.

### Отказаться от компромисса

Павел знал, что пасторы во все времена будут сталкиваться с искушением выхолостить свое послание. Трагично осознавать, что, по мнению Павла, уже в его время было «много» служителей, торговавших Словом (2 Кор. 2:17). Много чего может искушать человека Божьего, который уклоняется от доктринальных убеждений. Он может потерять часть своей паствы, если станет более точно излагать истину или более тщательно применять эту истину в жизни общины. Если эта истина точно, тщательно, ясно и с любовью укоренена в толковании Слова Божьего, это не дает никакой гарантии, что паства пастора будет процветать (численно или духовно) или восхвалять его за любовь к истине. Настоящий пастырь вряд ли останется равнодушным к исходу недовольных людей, которых он любит и о которых обязался заботиться. Никто не хочет быть служителем, который погубил церковь, проповедуя ей истину.

В четвертой главе 2 Тимофею Павел должен был напомнить робкому Тимофею, что в конечном счете ему предстоит жить и трудиться, помня о великом дне суда. Ведь однажды он предстанет перед Христом, Который должен судить живых и мертвых. Он не будет давать отчет этому миру или людям, которым не нравилось слушать, что Библия говорит о Боге, спасении, грехе, святости, церкви или семье. В служении встречаются и те, кто пойдет на компромисс и позволит закрыть себе уста или публично изменить свое богословие ради сохранения не только мира, но и своей зарплаты. Внимательно относиться к нашему учению — значит осознавать искушение исказить то, на чем Павел призывает всех пасторов стоять твердо.

### Знать о соблазнах компромисса

Существует также большая опасность изменить свое богословие в результате нравственного компромисса или давления общества. Учение Библии о браке, гомосексуализме или гендерных ролях не изменилось волшебным образом с развитием общества. То, что еще несколько лет назад было общепринятым понятием и убеждением, сегодня считается общественным кощунством. Библия не изменяется от того, что ваш сын или дочь живут в определенном грехе. Требования Библии к святости не отменяются только потому, что вы сами с ними не справляетесь.

Прошу: не поймите мои слова неправильно. Я не говорю, что ваше богословие никогда не сможет измениться, вырасти, углубиться или стать более детальным по сравнению с тем, в чем вы были убеждены когда-то. Я хочу сказать, что эти изменения не должны основываться на вашем стремлении сделать свою церковь более многочисленной или менее оскорбительной для общества, как и не должны они происходить по причине ваших личных отношений или вашей неспособности следить за своим сердцем. Библия не должна изменяться нами, мы должны всегда и во всем изменяться ею.

Нам следует напоминать себе, что Бог дал нам Свое Слово и что наша задача — быть хранителями этого откровения. Мы, по словам Павла, должны держаться образца здравого учения, которое нам передали. Мы не можем и не должны преуменьшать значимость здравого учения.

### Проповедники, которые «раскрашивают по номерам»

В наши времена восхваляются инновации. Кто хочет слушать одну и ту же старую историю, которую на протяжении тысяч лет рассказывают в основном одним и тем же способом? Пасторы во многом призваны быть не художниками, которым дана свобода рисовать то, что им нравится, а скорее теми, кто приобрел набор «Раскрась по номерам». Встречали когда-нибудь такие наборы? В картинах по номерам рисунок уже готов, а цвета уже обозначены. Ваша задача — соотнести числа в разных блоках картины с соответствующими красками из набора. Раскрашивая, вы надеетесь, что в результате у вас получится воссоздать картинку, изображенную на коробке. В этом же заключается наша ответственность как проповедников. Не создавать что-то новое, что можно было бы повесить в музее, посвященном нашему мастерству, а рассказать ту же историю, которую другие рассказывали на протяжении веков. Мы должны напоминать себе, что Бог дал нам Библию, в которой ясно изложены самые важные вопросы относительно жизни и вечности. Кто такой Бог, каким образом Он спасает и что делает, когда спасает людей, — все это несложно узнать, если приложить немного усилий. Мы должны напоминать себе, что показываем Спасителя, Который достоин того, чтобы мы проявили свою верность Его открытой нам истине.

Когда Павел говорил Тимофею держаться истины, он делал это в соответствии со своей любовью к брату в Господе Иисусе. Если возникает искушение отойти от Слова Божьего, мы должны напоминать себе, что истинным овцам для здоровья нужно слышать и применять истину. Любовь к народу Божьему должна побуждать нас к точному изложению и богобоязненному применению Божьего Слова. Некоторые общины могут поначалу отнестись к этому с недоверием. Но если мы будем терпеливы (2 Тим. 4:2), если наши исследования будут точными, если в нас будет ясность, убедительность, простота и любовь, истинные овцы начнут насыщаться нашей проповедью и процветать благодаря этому.

Наконец, мы должны помнить, что наша верность в учении необходима этому миру в целом. То самое общество, которое, казалось бы, ненавидит слово истины, невозможно победить капитуляцией церкви. Мы обязаны дать то, к чему потерянные люди могут поначалу отнестись с презрением, чтобы они могли спастись. Господь рад спасать грешников посредством истины. Евангелие, которое поначалу кажется нелепым или оскорбительным, становится силой Божьей для людей, приходящих к вере. Вникайте в свое учение, пасторы, потому что оно будет направлять ваши души к служению этим животворящим Словом, которое является единственным источником истины, утешающим души как паствы, так и пастырей.

# 3

# СМОТРИТЕ ЗА СВОИМ СТАДОМ

Существует тесная связь между тем, какие мы люди, и тем, что мы делаем в своем служении. В нашей стране бушуют споры по этому вопросу в отношении политических лидеров. Действительно ли важно, каков человек в своей частной жизни, если в публичном пространстве он может достичь необходимого? Можно ли наслаждаться произведением искусства, если художник, создавший это произведение, — отъявленный негодяй? Врач может быть грубым, непорядочным и предаваться блуду, но, если он лучший специалист, я могу доверить ему свое тело.

Однако как быть с пастором и его публичными и частными трудами на благо церкви? Насколько важно его смирение, если он читает прекрасные проповеди и дает хорошие советы? Для того, чтобы я мог питаться от его служения, должен ли он любить меня? Призрак лицемерия, печально витающий над профессией пастора, существует из-за разделения, которое есть между личной и общественной жизнью многих людей. Каждый, кто пришел к публичному падению, когда-то перестал смотреть за своей частной жизнью. Как уже упоминалось ранее, существует тесная связь между нашими отношениями с Богом, нашей нравственной целостностью и нашей способностью учить и проповедовать с силой и верностью. В этой главе мы рассмотрим, как связаны наша душа и наша забота о стаде.

### Больше, чем кафедра и исследование

По замыслу Бога, труд служения и жизнь служителя Евангелия тесно переплетены. Пастырь отдает свою жизнь за стадо по причине того, кем он является, и той любви, которую он испытывает к своим овцам. То, кем он является, влияет на то, что он делает. Любовь к пастве побуждает его к самоотверженному труду. Однако с грустью отмечу, что многие служители не имеют настоящих, живых и близких отношений со своей паствой. Личная, частная и всеобщая забота о пастве, вверенной нашему попечению, лежит в основе пастырского труда.

Недавно я слышал о студенте одной семинарии, который, собираясь начать служение в поместной церкви, сказал что-то вроде: «Я очень хочу проповедовать, но необходимость встречаться со всеми этими людьми меня раздражает». Если таково истинное состояние его сердца, то он на самом деле говорит: «Я не призван быть пастором. Я хочу быть проповедником. Мне нужна площадка для публичной речи. Я хочу, чтобы люди слышали и ценили мои проповеди, но то, что они делают с этой проповедью, меня не касается». У такого служителя есть своя цель: он хочет, чтобы люди приходили в церковь для того, чтобы у него была аудитория, перед которой он мог бы выступать. Такой человек не является пастором и, скорее всего, не станет и хорошим проповедником.

Когда Павел говорил Тимофею, что стремление к служению — это хорошо, он говорил не о публичной проповеди, а о личном пастырстве. Пасторы надзирают не только за проповедью и различными служениями, но и за душами. Мы следим за душами как те, кто обязан дать отчет (Евр. 13:17). Что это значит и как практически осуществить эту жизненно важную задачу? Какая связь между сердцем пастора и его трудом по служению пастве?

В 1 Петра 5:1–2 автор увещевает пасторов пасти стадо (наблюдать за ним, опекать и кормить его), вверенное им Святым Духом. Для пастора, которому предстоит дать отчет не только за то, что он проповедовал, но и за то, как он заботился об овцах Христовых, это не вопрос выбора. Какой тип пастырского взаимодействия предполагается здесь? Идет ли здесь речь просто о том, что пасторы должны быть гостеприимными, общительными и дружелюбными? Или же подразумевается просто общее поверхностное знание жизни своих людей? Писание предполагает нечто гораздо более глубокое. Постыдная правда заключается в том, что некоторые пасторы лучше осведомлены о предпочтениях членов церкви в спорте или развлечениях, чем о состоянии их душ.

### Знать свое стадо

Есть ли у этой души уверенность в спасении? Если нет, то из-за чего? Читает ли она Слово? Какова ее молитвенная жизнь? Питает ли ее то служение, которое вы предлагаете? Чувствует ли она себя частью церковного тела? Как относится ее сердце к братьям и сестрам? Есть ли у нее доверие к вам и другим лидерам церкви? Если бы Господь славы задал вам такие вопросы об овцах, которых Он Своей суверенной волей передал под вашу опеку, что бы вы ответили? Разве можно просто пожать плечами и сказать: «Я понятия не имею» или «Это не мое дело»? Если эти вопросы лежат на сердце Господина, они должны быть и на сердце Его управляющих.

### Любить и жить

Каким образом этот аспект нашего труда связан с сердцем пастора? Позвольте мне предложить вам по крайней мере два варианта. Первый — это любовь к нашему стаду. Второй — это доверие нашего стада к нам как к людям, которые знают Слово, любят церковь и отличаются постоянным благочестием.

Чтобы присматривать за душами вверенных нам людей, мы должны уметь приближаться к ним. Нашим мотивом должна быть любовь и забота о том, что лучше для них, даже если это трудно или утомительно для нас самих. Апостол Павел сказал об этом так: «Так мы, из усердия к вам, восхотели передать вам не только благовестие Божие, но и души наши, потому что вы стали нам любезны» (1 Фес. 2:8). Таким же образом и сердце современного пастора должно быть обращено к его пастве.

### Упорство в пастырской любви

Если вы собираетесь пасти одних и тех же людей в течение долгого времени, ваше сердце должно быть созвучно сердцу апостола Павла. Любовь придаст служению жизнь и энергию, которых никогда не принесет простое увещевание. Тот, кто нуждается в вашем внимании, — это не обременительная тяжесть, которую нужно вынести, а дорогой и любимый вами человек. Знают ли люди, которым вы служите, что они дороги вам? Очевидно ли это для них в вашем публичном и частном общении с ними? Подобное отношение к одной и той же пастве на протяжении десятилетий служения требует долготерпеливой любви.

В моей церкви есть люди, которым я служу почти 30 лет. Один из элементов, делающих это возможным, — взаимная, полная терпения любовь. У меня есть грехи и причуды, которые испытывают их любовь. Я видел их сильные и слабые стороны на протяжении десятилетий. Почему так мало мужчин десятилетиями служат пасторами в одной и той же церкви? Почему так мало членов церкви ходят в одном церковном теле и с одними и теми же пасторами все эти годы? Они устают друг от друга. Одни и те же ошибки, которые повторяются в течение долгого времени, — это слишком. Многие пасторы уходят оттуда, где служили, потому что устали от вверенных им людей.

Это частый грех в среде пасторов — собираться вместе и делиться боевыми историями о том, насколько плохи некоторые люди в их пастве. Как мужчины, бывает, меряются шрамами и тем, как они их получили, так и пасторы иной раз стремятся превзойти друг друга по странности, своенравию и упрямству членов их паствы. Так вот представьте: сложится ли у человека, слушающего таких пасторов, впечатление, что вы любите служение церкви? Сможет ли он понять из вашего разговора, что вы цените вашу паству? Предположим, что такие ваши разговоры записали бы, а потом проиграли бы на вашем членском собрании. Было бы вам за них стыдно? Я знаю, что некоторые люди будут проверять вас. Иногда я могу понять, почему пасторы переходят в другую церковь. Они осознают, что меняют одно бремя на другое, но, по крайней мере, и бремена, и те, кто их несет, — новые. Мы можем напоминать людей, которые наслаждаются только что опорожненным отстойником. Всем ясно, что он снова заполнится, но, по крайней мере, это займет немного времени. Чтобы действительно пасти наших овец, мы должны не только нести в своем сознании убежденность благодаря точной экзегезе соответствующих отрывков, не только вооружиться практическим планом, но и воспитать в себе искреннюю любовь к Божьему народу.

Тема пастырской любви затрагивается в нескольких ключевых текстах Писания. Хотя этот текст не относится в первую очередь к служению, но слова Павла из тринадцатой главы 1 Коринфянам прекрасно применимы и к проповедникам.

> *Если я говорю языками человеческими и ангельскими, а любви не имею, то я — медь звенящая или кимвал звучащий. Если имею дар пророчества, и знаю все тайны, и имею всякое познание и всю веру, так что могу и горы переставлять, а не имею любви, — то я ничто. И если я раздам все имение мое и отдам тело мое на сожжение, а любви не имею, нет мне в том никакой пользы.*
>
> 1 Коринфянам 13:1–3

### Любовь важна

Пасторская любовь позволит вам служить долго и радостно. Из посланий Павла очевидно, что трудные люди в церкви — дело не новое. Иначе к чему было бы столько призывов к любви, снисходительности и долготерпению? Такие слова исходят не из представления о легкости отношений. Мы должны любить без лицемерия. Мы должны любить горячо и от всего сердца. Мы должны быть милостивыми и полными надежды. Одних людей любить легко. Других — труднее. Некоторые будут проверять нас просто потому, что их личность, взгляды и убеждения противоположны нашим. Кто-то будет испытывать нас неблагодарностью за наше служение. В нашей церкви найдутся люди, которым будет казаться, что Бог призвал их быть нашими великими критиками, и они будут придираться к нашим проповедям и подвергать сомнению нашу компетентность с раздражающей регулярностью. По большому счету люди будут избегать откровений о своих грехах и трудностях, если не будут уверены, что они нам небезразличны. Сам Бог призывает Свой народ возложить на Него свои заботы, основываясь на Его любви к нему (1 Пет. 5:7). Забота о нашей собственной душе и забота о душах других людей снова пересекаются в контексте нашей личной целостности. Снова процитируем слова, произнесенные апостолом Павлом, когда он служил церкви в Фессалониках:

> 99 *...потому что наше благовествование у вас было не в слове только, но и в силе и во Святом Духе, и со многим удостоверением, как вы сами знаете, каковы были мы для вас между вами.*
> *1 Фессалоникийцам 1:5*

Большую пользу душам своих людей может принести тот, кто внимательно следит за своей собственной жизнью. То, получат ли члены нашей церкви благословения и пользу от публичного и частного служения Слова, в какой-то степени будет связано с тем, насколько они доверяют нам как людям.

Предоставляя нам доступ к своей жизни, народ Божий в какой-то степени доверяет своим пастырям свое самое ценное имущество — свою душу, которая никогда не умрет. Так же, как мы не хотим, чтобы нашими самолетами управляли нетрезвые пилоты, а наших детей оперировали некомпетентные доктора, так и ни один человек в церкви не захочет, чтобы к его душе имели доступ нерадивые пасторы.

Забота о собственной душе не только откроет нам доступ к совести наших людей, но будет подпитывать наше желание и способность лично и с любовью общаться с ними на протяжении всего нашего служения. Одна из больших опасностей продолжительного служения заключается в том, что, консультируя других, мы можем устать или стать циничными. Найдутся люди, которые разочаруют нас тем, что не примут советы, которые мы им давали. Они будут разочаровывать нас, когда не услышат слова, сказанные нами с кафедры или в личной беседе. Настанет время, когда мы поддадимся искушению игнорировать ясное повеление «будьте долготерпеливы ко всем». Стремясь к тесному общению с Богом, Который есть любовь и Который щедро дарует Духа, дающего силу просящим, мы будем день за днем познавать благодать, чтобы служить народу Божьему с самоотверженной любовью. Пастыри, внимайте себе и своему стаду (Деян. 20:28), ибо Божий замысел в том, чтобы заботиться и о душе пастыря, и о душах овец.

# 4

# СМОТРИТЕ, ПОТОМУ ЧТО ЭТО ВАЖНО

Почему все это имеет значение для нашего служения? Почему смотреть за своим сердцем, учением и паствой настолько важно? Если мы верим, что наше служение зависит от благословения Святого Духа и что верное и эффективное служение — это нечто большее, чем сумма наших публичных даров, административных навыков и харизмы, мы должны принять этот фундаментальный взгляд на жизнь и служение. В завершение этого раздела я хочу предложить четыре мотивации, побуждающие нас сохранять в служении свои сердца.

*Это важно для Бога*

Первая мотивация — это то, что я буду называть нашей мотивацией, направленной на Бога. Это должно быть главной мотивацией жизни. Что бы мы ни делали: ели, пили или занимались чем-то другим, — мы все делаем во славу Божию (1 Кор. 10:31). Когда апостол Павел пытался замотивировать своего ученика Тимофея к пасторской верности (особенно в отношении проповеди), он перенес его в последний день, когда явится Господь Иисус. Он напомнил ему, что все служение совершается на виду у Бога и в союзе с Христом.

Бог, перед Которым мы однажды предстанем и дадим отчет, знает нас совершенно. Одним эта мысль несет прекрасное освобождение, для других является поводом для серьезного беспокойства. Наш Спаситель видит наше сердце, желания, мотивы и поступки. Именно Он однажды будет судить тайны человеческих сердец. Мы проповедовали Христа, Которого мало любили и Которому служили без усердия? Не было ли нашей великой целью — сделать свое имя известным? Или сказать проповедь, благодаря которой другие стали бы думать о нас хорошо? А возможно, мы создавали бренд или франшизу, чтобы люди восхищались тем, чего мы достигли в своей жизни? Ходили ли мы в страхе Божьем даже тогда, когда нас никто не видел, или пытались «совершать служение» с нечистой совестью?

Апостол Павел жил в свете судного дня. Это побудило его, по его же словам, всегда сохранять совесть незапятнанной проступками перед Богом и людьми. Иаков говорит нам, что сомневающимся и маловерным не стоит ничего ожидать от Господа, в то время как исполняющий Его волю будет благословен (Иак. 1:6, 7; 22–25). Божья спасительная благодать явилась всем людям и учит нас, как следует жить в нынешнем лукавом веке (Тит. 2:11–14). Именно об этой благодати мы свидетельствуем как служители Евангелия. Мы должны говорить грешникам, что этой благодати достаточно, чтобы покрыть все их грехи, и что, когда они придут ко Христу, эта же благодать освободит их и даст возможность спасенному грешнику жить жизнью, угодной Господу. Это означает не совершенство, но последовательную добросовестность.

Видите ли вы Божье благословение и силу Святого Духа в вашем публичном и личном труде? Или вы живете в постоянном, осознанном и нераскаянном компромиссе? И вы убедили себя, будто благодать подразумевает, что подобное бунтарство не имеет значения? Если наше Евангелие включает в себя тот факт, что Иисус также является Пророком и Царем, то мы должны свидетельствовать об этой истине своим внимательным отношением к Слову и примером своей жизни. Мы говорим грешникам, что существует благодать, позволяющая сказать «нет» нечестию и мирским похотям. Бог знает, верим ли мы в ту весть, которую проповедуем другим, и живем ли мы ей. Можно обмануть нашу семью и нашу паству, но Бога обмануть не получится.

### Это важно для вашей совести

Вторая мотивация смотреть за нашим сердцем — это то благословение, которое дает нам в служении добрая совесть. Одним из главных признаков новозаветной проповеди было данное Духом дерзновение. Дерзновение характеризуется ясностью и уверенностью. Дерзновение позволяет нам исследовать совесть грешников и святых. Человек, любящий других, может смело проповедовать о том, как выглядит любовь. Мужчина, который был верен своей жене и на деле, и в сердце, может быть дерзновенным в своих словах не только потому, что знает, что это правда, но еще и потому, что он сам испытал помощь Святого Духа на этом пути.

В благовестии часто говорят, что мы — нищие, которые рассказывают другим нищим, где нашли хлеб. В служении мы делимся с другими людьми пережитой нами Божьей благодатью. Мы можем сказать грешникам: нам известно, что значит найти надежду в Иисусе. Как святые мы можем свидетельствовать о борьбе похотливой плоти против Духа и Духа против плоти. Мы можем говорить о брани верующего, живущего во враждебном мире, и о кознях дьявола не только потому, что мы правильно истолковали соответствующие отрывки, но и потому, что это опыт нашей собственной жизни. Существует большая разница между спортивным комментатором, перечитавшим все книги об этой игре, и спортсменом, который сам играл на поле. Мы можем говорить о местах, где были, о людях, которых встречали, о еде, которую пробовали, и делать это с куда большим авторитетом, чем если бы это все было нам неизвестно. Все это может быть правдой, но если мы сами не пользовались этим, то рискуем оказаться в роли продавца, который навязывает товар, лишь бы получить деньги.

*Это важно для вашей паствы*

Третья мотивация смотреть за нашим сердцем в служении — это влияние, которое мы окажем на нашу общину. Когда Павел говорил о преобразующей силе Божьей благодати для практического благочестия, он сказал Титу проповедовать эту идею и не позволять никому относиться к ней с презрением. Почему он так говорил? Хорошо это или плохо, но люди будут рассматривать нашу собственную жизнь в свете того, что мы проповедуем. Мы должны вспомнить, что Иисус сказал о фарисеях: поступайте так, как они говорят, а не так, как делают, потому что они говорят, но не делают. Не хочется, чтобы так можно было сказать о нас! Если мы собираемся находиться на одном месте продолжительное время и стремимся вести открытую и гостеприимную жизнь, в таком случае те, кого мы опекаем, должны иметь представление о том, какие мы люди.

Бывало ли, что какой-то проповедник, которого вы уважали, терял свой авторитет в ваших глазах после того, как вам довелось с ним пересечься? Случалось, я слышал грязные шутки, замечал похотливые взгляды на женщин, сталкивался с оправданием греха в жизни служителей. В итоге я больше не хочу их слушать. Я понимаю: то, что они говорят, может быть правдой, но также понимаю, что на каком-то глубинном уровне они сами в это не верят. Хотели бы вы себе полного фитнес-тренера, который, затягиваясь сигаретой, говорил бы вам заниматься усерднее, а в это время на его рубашке красовались бы остатки пончиков, покрытых глазурью? Хотели бы вы, чтобы человек, который не общается с Богом, рассказывал вам о молитве, или человек, который прелюбодействует, рассказывал вам о верности? Уши и сердца слушающих нас людей либо уменьшаются, либо увеличиваются благодаря тому, что они знают о нашей жизни.

Рассказывают историю о том, как Бенджамин Франклин как-то сделал остановку на своем пути, чтобы послушать великого евангелиста Джорджа Уитфилда. «Но, мистер Франклин, вы же не верите в такие вещи!» — сказал ему кто-то из его приближенных. «Верно, — ответил Франклин. — Но он верит». Наследие жизни человека заставляет многих членов паствы задуматься о том, во что он на самом деле верил.

## Это важно для мира

Наконец, необходимо сказать о влиянии нашей жизни на неверующих. Интересно отметить, что одно из библейских требований для служителя — хорошая репутация среди «внешних». В этом утверждении есть два предположения. Первое в том, что у благочестивого человека будут какие-то отношения с внешними людьми. Возможно, до призвания к служению вы работали на светской работе или общались с людьми в каких-то сообществах вне церкви. Второе предположение: важно, что эти люди думают. Неверующие люди могут не очень хорошо понимать нравственное учение Библии, но они часто знают о чьей-то жизни достаточно, чтобы у них возникла одна из двух реакций.

Первая реакция — я бы никогда не пошел в церковь, которая позволяет такому человеку служить. Если это христианство, то я не хочу иметь с ним ничего общего! Вторая реакция — та, которую нам хотелось бы услышать. В таком случае человек говорит: «Я не убежден в истинности христианства, но, если оно производит то, что я вижу в жизни этого человека, могу признаться: мне нравится то, что я вижу». Наблюдения неверующих мало связаны с нашим учением. Они связаны с нашей жизнью.

Поэтому, пасторы, смотрите за собой. Смотрите за своим учением и своей паствой: на карту поставлена ваша собственная душа и души других людей.

# ЧАСТЬ 2

# ПРИЗВАНИЕ ПАСТОРА

## Брайан Крофт

# 5

# ПРОБУЖДЕНИЕ

Я до сих пор помню, как впервые прочитал книгу Ричарда Бакстера «Реформированный пастор». В частности, меня удивило ее начало. Меня предупреждали, что оно будет очень напряженным и мне стоит приготовиться к удивлению. Тогда я пренебрежительно подумал: «Он пишет о пасторском служении — что тут может быть шокирующего?» Затем я прочитал первые страницы и, надо сказать, был потрясен.

> *Внимайте себе, иначе спасительная благодать, о которой вы возвещаете другим, не сможет оказать своего воздействия на вас, вам самим не будет знакомо плодотворное влияние благой вести, которую вы возвещаете; и, если вы открываете миру его нужду в Спасителе, пренебрегая Им в своих собственных сердцах, вы утратите живой интерес к Его личности, а затем и к тому, что Он сделал во имя вашего собственного спасения. Внимайте себе, иначе, призывая других, чтобы они осознали опасность вечной погибели, вы погибнете сами; насыщая других людей хлебом жизни, вы сами начнете умирать с голоду... Как много людей предупреждали других об опасности вечной*

*погибели, а сами угодили в нее! Сколько проповедников сейчас*
*в аду, и каждый из них постоянно призывал своих слушателей*
*быть предельно внимательными и осторожными во избежание*
*данной участи[4].*

Ричард Бакстер жил в те времена, когда служение в церкви для многих было надежной и стабильной профессией. Одним из многочисленных пагубных последствий этой реальности были необращенные пасторы. Бакстер явно чувствовал тяжелое бремя необходимости призвать этих людей к ответу, чтобы их собственные души были спасены, и они не вредили Божьим овцам, будучи волками, выдающими себя за пастырей.

Для меня, молодого пастора, было потрясением, что Бакстер заставляет меня усомниться в факте, который в большинстве современных евангельских кругов считается общепринятым, — что пасторы следуют за Иисусом. Но когда я ощутил, что Бакстер противостоит лично мне и ставит под сомнение мое духовное состояние, я понял, насколько же сильно и я воспринимал мое изменение Евангелием как данность — настолько, что даже поднимать этот вопрос не считал необходимым. Другими словами, отрезвляющие слова Бакстера напомнили мне, что мой подход к чтению книги «Реформированный пастор» отражает то, как я отношусь к основам христианской практики в своей жизни. То есть у меня «все схвачено», и мне остается только сосредоточиться на развитии моих даров и навыков служения.

Не следует предполагать, что пасторы обращены. Не следует предполагать, что те, кто проповедуют Евангелие, сами

---

[4]  Бакстер Ричард. Реформированный пастор. Центр «Нарния», 2010. С. 40.

верят в него и изменились под его влиянием. Не следует предполагать, что человек, получивший диплом семинарии и принявший предложение работать в церкви, пережил духовное пробуждение, к которому часто обращалось его богословское образование. Не следует предполагать, что человек, получивший должность и звание пастора, призван и одарен для этой должности и звания. В этой главе мы рассмотрим два наиболее распространенных допущения о пробуждении в жизни пастора, которые напрямую связаны с его душой: духовное пробуждение и пасторское пробуждение.

### Духовное пробуждение

Есть несколько основополагающих элементов, которые должны определять духовное пробуждение каждого, кто когда-либо будет стремиться к благородному пасторскому труду. Очень часто именно эти вещи определяют благополучие пастора либо его гибель. Во-первых, прежде чем человек возьмет на себя труд проповедовать, проводить встречи, посещать и направлять церковь в качестве пастора, он должен стать человеком, который был преображен силой Евангелия и каждый день ходит с Иисусом. Он должен увидеть свою нужду в Иисусе и обратиться к Нему с верой. Он должен знать Иисуса и чувствовать, что Иисус знает его. Он должен любить Иисуса и знать, что и он любим. Он должен жаждать ощущения присутствия Иисуса в своей повседневной жизни. Он должен знать, что прощен Иисусом. Он должен взывать к Нему в минуты слабости и отчаяния и верить, что его услышат. Но, прежде всего, пастором должен быть человек, который действительно спасен Богом во Христе и каждый день ходит с Иисусом.

Во-вторых, пастором должен быть человек, который любит Божье Слово. Задолго до того, как пастор начнет проповедовать Божье Слово, он должен посвятить себя его изучению. Однако одних знаний недостаточно. Это животворящее Слово должно вызвать духовное пробуждение, которое изменит самого человека. Когда мне было чуть за двадцать, я служил помощником пастора и находился в духовной опасности, потому что совершенно не осознавал необходимости заботиться о своей душе и меня не захватывало Божье Слово. Переломный момент наступил, когда мне доверили учить наших подростков из церкви Библии, а я вдруг понял, что сам ее не знаю. Хуже того, я не любил ее так, как следовало. В отчаянии я попросил мою жену показать мне, как изучать Библию. И она показала. Бог вмешался самым могущественным образом. Духовную работу, которую Бог совершил во мне почти за одну ночь, можно описать только словом «пробуждение». Я никогда не буду прежним. Мое служение изменилось. Самое главное — мое понимание необходимости заботиться о собственной душе выросло в геометрической прогрессии. По мере того, как я возрастал в духовном пробуждении, будучи захвачен Божьим Словом, начинало формироваться мое понимание, что значит заботиться о Божьем народе.

И наконец, пастор должен любить Божий народ. Плодом духовного обращения в любой душе является любовь к народу Божьему. Любовь к Божьему народу в душе пастора не появляется, как по волшебству, после получения степени магистра богословия и солидной церковной зарплаты. Она приходит, когда человек прилепляется к Иисусу как к своему Спасителю, преображается Словом Божьим и ходит в нем. Пережив настоящее духовное пробуждение, пастор способен испытывать искреннюю любовь к вверенным ему людям. Любовь пастуха к своим овцам — это простая, глубокая и чистая любовь, которую никто не может отнять. Только человек, переживающий истинное духовное пробуждение, которое ведет его от тьмы к свету, от рабства греха к свободе во Христе, — только такой человек может исполнить Божье призвание быть Его младшим пастырем. Бакстер настаивал на том, что не следует этого предполагать по умолчанию. Сегодня это тоже верно.

## Пасторское пробуждение

Как и в случае с духовным пробуждением, не стоит предполагать и пасторское призвание человека. Скорее, человек должен осознанно и тщательно оценивать свое призвание как божественный труд пробуждения, который совершает только Бог. Пожалуй, нет лучших размышлений об ответственности и оценке Божьего призвания в жизни человека, чем в трудах Чарльза Бриджеса (1794–1869). В книге «Христианское служение» Бриджес возлагает ответственность за определение своего призвания как на совесть человека, так и на поместную церковь, которой он принадлежит. Бриджес называет эти два аспекта призвания внутренним и внешним призывом Бога:

> *Внешнее призвание — это поручение, полученное от Церкви и признанное ею. Оно не отбирает служителя, но одобряет того, кого Бог сам соответствующим образом отобрал. Таким образом, это призвание только передает официальные полномочия. Внутреннее призвание — это голос и сила Святого Духа, которые направляют волю и суждение служителя, а также снабжают его необходимыми качествами. Однако*

*оба призвания, хотя и отличаются по своему характеру и источнику, необходимы для исполнения нашего поручения[5].*

Бриджес говорит, что человек должен получить внутреннее призвание, чтобы понять, что он действительно призван Богом для определенного служения. Это данное Богом желание выполнять определенный труд служения сочетается с собственным убеждением служителя, что он одарен и наделен полномочиями от Духа Божьего для выполнения этой работы.

Однако в дополнение к внутреннему призванию человек должен обладать и внешним призванием. Речь идет о подтверждении со стороны поместной церкви того, что этот человек обладает дарами и благочестивым характером, необходимыми для христианского служителя. Бриджес, Сперджен и многие другие благочестивые люди, которых Бог использовал в прошлом для подготовки призванных к делу служения, соглашаются с тем, что для вступления человека в служение необходимы как внутреннее, так и внешнее призвание.

Именно это «внутреннее призвание» и есть то пасторское пробуждение, происходящее в душе, которое необходимо для того, чтобы человек стал пастором и справился со своим служением. Это пасторское пробуждение можно определить по двум критериям: желание и требования.

## Желание

Апостол Павел наставляет своего молодого ученика так: «Верно слово: если кто епископства [пастырства] желает,

---

[5]   Бриджес Чарльз. Христианское служение. Исследование причин его неэффективности. Come Over and Help Organization, Inc., USA/Canada, 2007. С. 90.

доброго дела желает» (1 Тим. 3:1). Великий баптистский служитель XIX века Чарльз Сперджен в лекциях, обращенных к молодым людям, которые готовились к служению, говорил так: «Первым признаком божественного призвания является страстное, всепоглощающее желание посвятить себя этому служению»[6]. В человеке должно быть сильное, неугасимое желание выполнять труд пастора. У такого человека должно быть желание проповедовать Божье Слово, пасти Божий народ, благовествовать потерянным, учить духовно незрелых и служить поместной церкви.

Сперджен подтверждает, что подобное божественное, приходящее свыше стремление можно узнать по тому, что человек не желает ничего другого:

> *Если кто из вас мог бы удовлетвориться должностью редактора, или бакалейщика, или фермера, или доктора, или судьи, или сенатора, или президента, ради Бога, не отговаривайте его идти своим путем; в нем нет той полноты присутствия Духа Святого, которая заставила бы его отказаться от того, к чему стремится его душа. Если же вы можете сказать, что за все сокровища мира вы не можете и не в силах посвятить себя другому делу, кроме как проповедованию Евангелия Иисуса Христа, тогда доверьтесь этому чувству, если наряду с другими для того необходимыми условиями имеет все признаки проповеднического призвания. Мы должны чувствовать, что погибнем, если не будем проповедовать Евангелие; слово Божие должно гореть в нас всепоглощающим огнем, иначе же, если мы посвятим себя пастырскому служению, то будем несчастны на этом пути, не сможем полностью отдавать*

---

[6]   Сперджен Чарльз. Лекции моим студентам. Библия для всех, 1998. С. 16.

*себя, как он того требует, и мало принесем пользы тем, кому будем проповедовать[7].*

Почему же требуется неутолимое стремление к этому труду? Потому что дело служения не для слабонервных. Этот труд сопряжен с борьбой, испытаниями, унынием, давлением и духовными битвами, которые могут искалечить даже самых сильных мужчин, имеющих «обычное» желание работать. Напротив, это должно быть тем желанием, которое остается, когда ваш брат предает вас; желанием, которое не ослабевает, когда возникает угроза увольнения; желанием, которое сохраняется несмотря на то, что прочно укоренилась физическая, умственная и эмоциональная усталость. И это желание со временем должно только возрастать. Подобное желание — главное свидетельство божественного призвания к пасторскому пробуждению.

## Требования

Многие верные, благочестивые люди на протяжении веков являли своим характером Христа и были примером жертвенного служения Его Церкви. Однако не все призваны к работе руководителя церкви. Обращаясь к Тимофею, Павел приводит отдельный список качеств, необходимых для служения пастора, отличный от требований к дьяконам (1 Тим. 3:8–13). Этот список показывает, что существуют уникальные призвание и труд, для которых предназначен пастор. Эти качества дают возможность другим людям со стороны объективно оценить человека, который утверждает, что у него есть желание заниматься этим трудом. Согласно

---

[7] Там же. С. 17.

Павлу, список качеств, необходимых для служения пастора, можно свести к пяти категориям:

## *Способный учить*

Способность учить — это основное требование, которое отличает труд пастора от всех остальных в церкви. Павел пишет, что человек должен быть *учителен,* т.е. уметь учить (1 Тим. 3:2). Это качество подразумевает нечто большее, чем просто желание учить. Оно предполагает наличие навыков и умения верно, точно и эффективно учить Божьему Слову. Павел подтверждает это в другом месте, когда говорит, что Бог доверил этим людям хранить «добрый залог [Евангелия] Духом Святым, живущим в нас» (2 Тим. 1:14).

Это требование способности учить также следует понимать в свете того, что Иаков пишет об учителях. Иаков предупреждает, что те, кто учит в церкви, подвергнутся «большему осуждению» (Иак. 3:1). Люди, одаренные Богом для этой задачи, должны учить смиренно, ясно, страстно и преданно. Призвание учить подразумевает проповедь Слова (2 Тим. 4:2) любой ценой, использование каждой возможности сделать Евангелие ясным, представляя драгоценность Христа, призывая людей покаяться и уверовать, а затем довериться силе Святого Духа для преобразования сердца и ума. Способность наставлять Божий народ Его Словом Павел формулирует словами «обличай, запрещай, увещевай» (2 Тим. 4:2), и именно она должна определять евангельское служение, как публичное, так и частное. Как справедливо заметил Роджер Эллсворт: «Не справитесь с этим — и вы не справитесь со своей главной задачей»[8].

---

8  Эскол Томас, ред. Дорогой Тимофей. Письма служителю. Саратов: Евангелие и жизнь, 2016, С. 231.

### Имеет безупречную репутацию

Повеление Павла, чтобы пастор был «непорочен» (1 Тим. 3:2), дано для того, чтобы подчеркнуть: он должен не просто бежать от зла, но стремиться избегать даже *видимости* зла. Например, трудно обвинить пастора в любовной связи, если все знают, что он не останется наедине в комнате ни с какой женщиной, кроме своей жены. Требование иметь безупречную репутацию означает, что пастор должен стремиться жить так, чтобы избежать обвинений. Он должен стремиться постоянно жить благочестивой жизнью и завоевывать хорошую репутацию среди всех людей. Не находиться в рабстве никаких вещей, но быть воздержанным — тоже часть этой репутации, поэтому Павел также упоминает, что пастор не должен быть «пьяницей» (1 Тим. 3:3).

Иметь «доброе свидетельство от внешних, чтобы не впасть в нарекание и сеть диавольскую» — тоже часть безупречной репутации (1 Тим. 3:7). Это не значит отступать от истины или пытаться идти на компромисс с этим миром; это значит жить так, чтобы проявлять Божью любовь и сострадание к неспасенным, чтобы они, «увидя добрые дела ваши, прославили Бога в день посещения» (1 Пет. 2:12).

### Руководит своей семьей

Третье требование для пасторского призвания — быть «одной жены мужем» (1 Тим. 3:2). Эту фразу часто неправильно понимают в том смысле, что пастор должен быть женат и не может быть холостым, но речь здесь идет не о семейном положении. Здесь говорится о верности — о том, что мужчина должен быть верен и предан своей единственной жене. Лидерство пастора в семье проявляется в глубине его любви к жене, в умении жертвовать, «как и Христос возлюбил Церковь и предал Себя за нее» (Еф. 5:25). Любить своих жен таким образом — это повеление всем мужчинам-христианам, однако пастор призван служить в этом примером для своих людей.

Это требование, если рассмотреть его вместе с дополнительными наставлениями Павла Тимофею, также указывает на то, что женщина не должна властвовать над мужчиной (1 Тим. 2:12). По замыслу Божьему, мужчины должны руководить церковью подобно тому, как они руководят своими семьями.

Этот принцип также относится к детям, живущим в доме пастора. Пастор должен добросовестно заботиться о своих детях, учить и направлять их (1 Тим. 3:4). Это не означает, что у пастора обязательно должны быть дети или что они обязательно должны быть обращенными. Это значит, что дети пастора должны уважать его авторитет как назначенного Богом главы и руководителя семьи. Почему это важно? Павел называет крайне основательную причину: «...ибо, кто не умеет управлять собственным домом, тот будет ли пещись о Церкви Божией?» (1 Тим. 3:5).

Наряду с ведением домашнего хозяйства, пастор также должен быть радушным и гостеприимным к посетителям своего дома и внешним людям. Он должен быть «страннолюбив», т.е. гостеприимен (1 Тим. 3:2). Большинство людей думают о гостеприимстве только как о приеме людей в своем доме — и это, конечно, верно, но в более широком смысле гостеприимство говорит о вашем расположении и отношении к незнакомым людям. Нетрудно быть гостеприимным к тем, кого вы знаете и любите, но мало кто из нас гостеприимен к незнакомым людям. Павел говорит нам, что пастор должен быть готов заботиться о других — даже о тех, кого он не знает. Апостол также подразумевает, что пастор должен учить своих домочадцев, чтобы они принимали это как призвание всей семьи.

### Обладает благочестивым характером

Большинство качеств, перечисленных Павлом, можно объединить в общую категорию благочестивого характера. Павел говорит нам, что пастор должен быть «трезв, целомудрен, благочинен» (1 Тим. 3:2), а также «тих, миролюбив» (1 Тим. 3:3). Все эти качества свидетельствуют о внутреннем преобразовании силой Евангелия, о том, как Христос отражается в человеке, который становится добрым, сострадательным, смиренным, благородным, полным проницательности и мудрости, а также умеет контролировать свои слова и поступки. Трудно переоценить важность этого требования для служителя и лидера. Не случайно большинство условий Павла для пастырского служения относятся к этой категории благочестивого характера. Те, кто желает нести пастырское служение, должны усердно трудиться, чтобы возрастать в этих качествах, зная, что именно Божья благодать и преобразующая сила Евангелия способствуют их росту.

### Духовная зрелость

Многие из этих качеств также указывают на требование духовной зрелости, но я думаю, что есть два качества, которые особенно подчеркивают это. Во-первых, Павел говорит нам, что пастор должен быть «не сребролюбив» (1 Тим. 3:3).

Основная обязанность пастора — проповедовать Слово Божье и учить ему, жертвенно заботиться о своих людях, а не искать финансовой выгоды для себя. Оценивать, свободен ли пастор от любви к деньгам, следует не по тому, сколько у него денег или сколько ему будут платить; надо смотреть на то, что пастор делает с деньгами, которые у него есть. Любовь к деньгам говорит о желании иметь их все больше и больше. Пастор должен получать вознаграждение за свой труд, но человек не должен приходить в служение из желания получить личную материальную выгоду.

Во-вторых, наряду с духовными лидерами и стражами учения церкви, пасторы не должны быть «из новообращенных» (1 Тим. 3:6). Это означает, что духовно незрелый человек не должен приступать к этому труду. Причины этого очевидны, но в тексте Павел называет одну конкретную — «чтобы не возгордился и не подпал осуждению с диаволом» (1 Тим. 3:6). Незрелый верующий может легко увлечься властью определенной должности, вместо того чтобы рассматривать ее как жертву и служение Богу и Его народу. Пасторское служение также выводит человека на переднюю линию духовных атак врага. Это, по-видимому, является одной из нескольких причин, по которым Новый Завет призывает к множественности благочестивых, духовно зрелых пасторов/пресвитеров в поместной церкви. Руководство церковью несколькими пасторами позволяет усилить подотчетность и обогащает общение, а также церковь получает пользу от их совокупной мудрости (Тит. 1:5; Деян. 20:28; 1 Пет. 5:1).

И духовное, и пасторское пробуждение производятся силой Божьей, когда Его Дух мощно действует в душе человека. Никогда не следует предполагать их наличие. Оба они — дело рук Бога, а не человека. Хотя и то, и другое — результат внутреннего труда Святого Духа, они должны быть видны другим людям. Поэтому они оба совершаются Божьим действием в душе, которое должно служить основанием труда пастора и его способности заботиться о своей душе.

# 6

# СИЛА

Вы должны кое-что обо мне знать. Я слаб. Проблема в том, что мне не нравится быть слабым. В детстве меня учили, что быть слабым — это плохо, а нуждающийся достоин жалости. Слабость принесла в мою жизнь боль. В результате я провел большую часть своей жизни борясь со слабостью. Такой образ жизни разрушителен для души человека. Так было и в моем случае. Пытаясь скрыть свою слабость, я действовал так, чтобы выглядеть сильным для окружающих. Через некоторое время я смог обмануть даже самого себя, убедив себя, будто эта слабость ушла. И все же моя душа умирала внутри. Один из самых надежных способов привести собственную душу к краху — это знать глубоко внутри себя, что ты — человек, слабый, нуждающийся, хрупкий и что именно Бог сделал тебя таким, но все равно отвергать это. На этом этапе мы боремся уже не против присутствия слабости в нашей жизни, а против замысла доброго и совершенного Творца и влияния греха на этот замысел. Неудивительно, что мы проигрываем эту битву и душа человека терпит крах.

Когда так живут пасторы, результаты могут оказаться еще более разрушительными. Помимо обычных жизненных трудностей, пасторы сталкиваются с реальностью собственной слабости перед членами церкви, которые смотрят на них, надеясь увидеть, как они противостоят своей слабости и немощи. То, как пастор подходит к решению проблемы слабости в своей жизни, влияет не только на его собственную душу, но также на жизнь тех, кто ищет его заботы и пытается разобраться в собственной слабости. Это неизбежно затронет многие души. Первое и самое главное — это повлияет на душу пастора.

Дело в том, что Бог призывает пасторов быть сильными и мужественными. Но как нам следует понимать силу и мужество? На пасторов обычно давит то, что у них должно быть все схвачено, все продумано, и потому предполагается, что они — эксперты, способные учить всех остальных, как жить. Библейские требования, призванные отражать духовную зрелость, а не быть причиной для упреков, можно легко превратить в этот недостижимый перфекционистский стандарт, который мешает многим пасторам быть самими собой перед своими людьми. Однако Бог призывает пастора сделать шаг вперед и быть смелым: покажитесь слабым и нуждающимся перед церковью, пастором которой вы служите. Цель этой главы — помочь пасторам принять свою слабость, ведь именно к этому призывает нас Бог, а это невозможно сделать без участия сердца. Бог призывает нас принять нашу слабость, и в этом мы найдем божественные силу и мужество.

Не стоит недооценивать то, насколько Бог силен приносить оживление и плод в церковь, когда жизнь пастора — настоящая и ясная — открыта перед народом Божьим. Правда в том, что пасторы так же слабы и так же нуждаются в помощи, как и все остальные в церкви. Пасторы должны принять это призвание показывать честную, подлинную жизнь перед своими людьми. Пусть они видят, как вы боретесь. Дайте им понять, что вам больно. Напомните им, что вы несовершенны и не все контролируете. Самые мужественные пасторы — те, которые не стараются казаться кем-то, но находят покой в своей идентичности во Христе и живут в свободе быть самими собой перед своими людьми.

*Сила в слабости*

Идея силы в слабости кажется противоречивой. Кто-то возразит, что нельзя быть сильным и слабым одновременно. Но Библия дает совсем другое понимание. Наиболее ясно оно выражается в Послании Павла к Коринфянам, когда он упоминает о своей просьбе к Богу удалить жало из его плоти, и Бог отвечает:

> *«Довольно для тебя благодати Моей, ибо сила Моя совершается в немощи». И потому я гораздо охотнее буду хвалиться своими немощами, чтобы обитала во мне сила Христова. Посему я благодушествую в немощах, в обидах, в нуждах, в гонениях, в притеснениях за Христа, ибо, когда я немощен, тогда силен.*
> *2 Коринфянам 12:9–10*

Я должен кое в чем признаться. Я всегда утверждал, что это учение Павла истинно. Но большую часть своей жизни прожил так, будто сила в слабости существовать не может. Однако я учусь тому, что эта идея — ключ к пониманию, как можно жить смело и в свободе Евангелия. Настоящая сила исходит от Иисуса, живущего в нас, и она возрастает, когда мы слабы и нуждаемся в Нем. Это работа души. Присутствие Христа наиболее сильно проявляется в нас, когда мы принимаем реальность нашей слабости, греховности и человеческой природы. Во Христе мы находим истинную силу не вопреки нашей слабости, *а в нашей слабости*. Мужественный пастор принимает свою слабость и обретает Божественную силу.

### Ходить в слабости

Такое смещение этой идеи истинной библейской силы приведет нас к естественному вопросу: «Каким образом пастор может признать собственную слабость и свою человеческую природу и обрести подобную силу, исходящую от Евангелия?» Рассмотрим три сферы слабости, приняв которые пасторы обретут силу, исходящую от Евангелия:

### Пасторам нужно признать, что все мы грешники

Очень важно принять нашу человеческую природу и то, что делает нас людьми. Идея о том, что «Бог является Богом, а мы — нет», должна стать драгоценной, освобождающей истиной для наших сердец. Если мы люди, то мы грешники. Мы будем грешить. Именно по этой причине мы все нуждаемся в Иисусе. Это не призыв к принятию греха. Но нам необходимо принять тот факт, что мы грешники, которые будут бороться с грехом. Как ни странно, но проблема, истощающая силы многих пасторов, заключается в следующем: мы расстраиваемся из-за того, что мы грешники. В проповедях мы призываем грешников обратиться к Иисусу, и в то же время нас раздражает, что мы тоже грешники.

Частой проблемой для пасторов является то, что нашим людям трудно принимать нас как сокрушенных грешников. Мы испытываем огромное давление, которое заставляет нас показывать своим людям результат. Иногда это давление навязывается нашей церковью, а иногда и нами самими. Но в этом — суть Евангелия, которое мы проповедуем. Именно поэтому нам нужен Иисус. Если мы не в состоянии принять, кто мы есть в нашем падшем состоянии и что мы нуждаемся в Иисусе, мы не сможем получить Божью благодать в необходимой мере. Мы не будем ходить в свободе, которую приносит прощение. Мы не будем готовы вести наших людей к этой реке благодати. И наши души будут разрушаться.

*Пасторам нужно признать, что никто не совершенен*

Пасторы любят заявлять о безгрешности Иисуса и о том, что только Иисус совершенен, но эти же пасторы искалечены страхом неудачи. Пасторы опустошены, потому что не соответствуют надеждам, которые сами возлагают на себя и которые возлагают на них другие. У меня есть для вас новость. Мы несовершенны. Мы не можем, да и не хотим делать все правильно. Мы потерпим неудачу. И знаете что? Это нормально. Бог уже принял нас. Мы облечены в праведность Христа. Мы должны проверить надежды, которые возлагаем на себя. Все пасторы с болью осознают, какие большие надежды возлагают на нас наши церкви. Однако даже эти ожидания обычно меркнут по сравнению с теми нелепыми надеждами, которые мы сами возлагаем на себя. Быть может, вы давите себя тяжестью перфекционизма? Перфекционизм — это не добродетель, как многим нравится считать. Это грех, суть которого в том, что мы пытаемся быть подобными Богу. Это признание в том, что мы думаем, будто можем достичь совершенства и поэтому стремимся к нему. Но при этом мы сокрушаем свои души. Только Бог совершенен. Перфекционизм убивал мои силы на протяжении многих лет жизни. За последние несколько лет принятие этой слабости принесло мне невероятное освобождение! Вам тоже стоит сделать это ради своей души.

*Пасторам нужно принимать свои физические немощи*

В четвертой части этой книги мы будем подробно разбирать, как следует заботиться о себе в физическом плане так, чтобы это напрямую влияло на нашу душу. А сейчас давайте забежим вперед и посмотрим, как вы принимаете реальность своей физической природы. Пасторы любят выглядеть сверхлюдьми, которых не касается реальность влияния грехопадения на наши тела. Например, количество сна мы определяем исходя из того, что необходимо успеть сделать, а не из того, сколько сна нам нужно. Мы едим все, что хотим, и не воспринимаем пищу как топливо для той благородной задачи, над которой мы трудимся, даже несмотря на то, что каждый год набираем по пять килограммов. Мы либо вообще избегаем физических упражнений из-за нехватки времени, либо занимаемся регулярно, но игнорируем недавнюю травму, которая говорит, что нам нужно передохнуть. Мы игнорируем предупреждающие признаки стресса, депрессии и тревожности, которые тело часто доносит до нас, если только мы прислушиваемся. Мы продолжаем гнать до тех пор, пока не расшибемся о стену. Разумное и мудрое отношение к физическим ограничениям — это часть принятия нашей слабости; нам нужно понимать, когда можно бежать и идти, но также осознавать, когда стоит остановиться и отдохнуть.

Я наткнулся на эту стену лет пять назад. Это произошло в тот период, когда мое служение процветало во всех сферах. Но моя душа умирала. Мой брак переживал трудности. Моя жена была в мрачном состоянии. Я довел нашу семью до ручки. В значительной степени причиной того психического и эмоционального срыва, который я пережил, было давление, нараставшее по мере того, как я отказывался принимать собственную слабость и человеческие ограничения из-за страха посмотреть им в глаза. Для того, чтобы обратиться за помощью, мне потребовалось потерять едва ли не все. Но даже тогда я шел на этот шаг с неохотой. Чтобы провести меня по пути, в котором я давно нуждался, Бог использовал очень мудрого и опытного наставника, а также нескольких терпеливых, близких друзей-пасторов. Это был очень болезненный путь, который потряс мою идентичность до основания, и начался этот процесс с осознания реальности моей слабости. Эта дорога вела к пониманию и принятию своей слабости, а также к упованию на то, что Иисус встретит меня на ней и даст силу. Так и произошло. Я все еще нахожусь на этом пути, но моя жизнь кардинально изменилась. Моя душа нашла такой мир, о возможности которого я и не догадывался. Я на собственном опыте убедился, что, когда мы принимаем нашу слабость, во Христе для нас открывается сила.

Примите свою слабость, дорогие братья и коллеги-пасторы. Только искупительная сила Христа, действующая в нас, может забрать нашу слабость и сделать нас сильными. Мужество истинной силы приходит не вопреки нашей слабости, а благодаря ей.

# 7

# ЛЮБОВЬ

Большинство из нас хорошо знают, какой стоический, твердый мужской характер прививают мальчикам с детства. В идеале такое воспитание должно делать из людей трудолюбивых, надежных, стабильных мужчин, которые будут поддерживать свою семью, развивать общество и стойко переносить невзгоды. При этом многих озадачивает тот факт, что большинство самоубийств совершают мужчины — те, кого учили быть жесткими и непоколебимыми. Вот как один светский писатель пытается объяснить это противоречие:

> *Мужчины умирают, умирают в огромных количествах. Это масштабная трагедия, и она происходит у нас под носом — в наших странах, городах, районах и на наших улицах. Из доступных данных нам известно, что в основном жизни себя лишают мужчины, но у нас не хватает решимости добраться до глубинных причин этого. Не утверждаю, что это простая задача, но, как мне кажется, отличным началом было бы*

*прекратить пропаганду агрессивной, стоической формы мужественности, укоренившейся в обществе⁹.*

Можно уверенно сказать, что все мужчины пострадали от этой мирской версии мужественности, утверждающей, что настоящие мужчины не плачут. Настоящие мужчины жесткие, стойкие, непоколебимые, недвижимые, уверенные в себе. Ничто не должно раздражать мужчину, а если так происходит — это признак слабого человека. Какому мальчику не говорили, когда он ободрал коленку во время игры, что он должен натереть ранку грязью и вернуться в игру? Какой молодой человек, поранившись, не сдерживал слез из-за страха перед тем, что подумают его друзья? Неважно, учил ли мужчину этому типу мужественности его собственный отец, или он увидел это на большом экране кинотеатра — такое представление глубоко укоренилось в нашей культуре. У давления этой жесткой мужественности на мужчин есть и другие последствия, кроме ужасной реальности самоубийства, которая настигает немногих. Еще бóльшая трагедия в том, что такая форма мужественности делает многих мужчин неспособными любить других людей.

Эта ложная мужественность существует и в церкви. Многие церкви и семинарии формулируют видение библейской мужественности, в котором акцент делается только на одной половине библейской картины. На этом знамени мужественности изображен дерзкий, одетый во фланелевую рубашку охотник, крутой парень, который поедает стейки,

---

⁹ Оригинальная цитата приводится по http://www.unimedliving.com/men/relationship/real- men- don-t-cry.html

стреляет из оружия, — и ему это нравится! Для них библейская мужественность — это только инициатива, лидерство и смелость, которые являются прекрасными качествами мужчины-христианина. Однако этот единственный фокус приводит к пренебрежению более полным пониманием библейской мужественности, которая включает в себя также нежность, сострадание и любовь.

Как христианам, и особенно пасторам, следует относиться к такому типу мужественности? Вот смелое утверждение о такой мужественности, на котором вам стоит основывать вашу оценку. Это учение — ложь. Оно небиблейское. В Новом Завете нет никаких свидетельств того, что Иисус был непоколебимым стоиком. Как раз наоборот. Такой подход к жизни не приносит удовлетворения. Он сдерживает способность человека испытывать любовь и сострадание к людям, которым плохо. Предположим, что я прав. Что в таком случае произойдет с пастором, который принимает это мирское понимание мужественности, но вместе с тем имеет уникальное призвание — эмоционально через отношения взаимодействовать с людьми, которым плохо? Как минимум, он будет неэффективен, а во многих случаях только причинит больше вреда этим страдающим. Суть пасторского призвания — глубоко любить других, осознавая собственную слабость и ограниченность человеческой природы. Однако этого не произойдет, пока мы на уровне души не подвергнем сомнению наши допущения о том, что значит быть «настоящим мужчиной». Именно здоровое состояние нашей души позволяет нам любить других. Цель этой главы — помочь пасторам выступить против этого ошибочного представления о мужественности, навязанного нам этим миром, представить более библейское определение этого понятия, а затем помочь пасторам начать оценивать, насколько их собственные души способны любить.

### Глубоко чувствовать, чтобы глубоко любить

Бог создал нас с эмоциями. Они элемент творения по Его образу и подобию (Быт. 1:27). В наших эмоциях есть нечто важное, о чем нам следует помнить. Мы не можем сначала подавлять свои эмоции из-за страха, а затем надеяться, что каким-то образом сможем продолжать глубоко чувствовать. Отчасти эффективность нашего пасторского призвания состоит в том, что мы позволяем себе испытывать эмоции и не бояться их. Плакать и грустить — это хорошо. Позволить себе испытывать гнев — хорошо. Позволить себе испытывать страх — тоже хорошо. Позволить себе чувствовать обиду и разочарование — и это хорошо. Эмоции напоминают нам о нашей человеческой природе и о том, что у Иисуса тоже были эмоции.

Иисус глубоко чувствовал. Иисус испытывал праведный гнев, когда очищал храм (Мф. 21:12). Иисус чувствовал глубокую печаль, когда плакал у гроба Лазаря (Ин. 11:35). Иисус испытывал страх и мучения, когда молился в Гефсиманском саду (Лк. 22:44). Верховный Пастырь чувствует глубоко. Его младшие пастыри должны чувствовать так же. Бог создал наши эмоции, чтобы помочь нам глубоко чувствовать, чтобы наши эмоции стали вратами, позволяющими заглянуть в нашу душу. Именно через эмоции мы осознаем, что происходит в нашей душе, и через них мы учимся глубоко любить.

И все же, позволяя себе чувствовать глубоко, необходимо соблюдать осторожность. Павел наставляет всех верующих:

«Гневаясь, не согрешайте...» (Еф. 4:26). Павел пишет своему молодому ученику Тимофею, что, хотя мы будем переживать настоящее чувство страха, Бог не дал нам духа боязни (2 Тим. 1:7). Поэтому нам также важно помнить и о борьбе с грехом, способным проявляться в этих эмоциях, которые не следует игнорировать. Тем не менее мы, пасторы, призваны глубоко чувствовать, чтобы мы могли глубоко любить. Жесткий, непоколебимый, стоический человек не способен к такой любви. Павел говорил о том, что любовь христиан должна быть глубокой и жертвенной (1 Кор. 13). Отважный пастор глубоко любит, принимая на себя риски, связанные с глубокими чувствами.

*Испытание любовью*

Намерение большинства пасторов — любить глубоко и жертвенно, но многие не знают, передается ли эта любовь другим. Такая любовь требует глубокого душевного труда, который опирается на Дух Божий. Бывает непросто понять, как можно лучше осознавать движение нашей души в этом труде. Вот несколько способов проверить осознанность и способность вашей души любить.

*Тест № 1:*
*Позволяете ли вы себе испытывать глубокие эмоции?*

Существует множество причин, способных помешать человеку глубоко чувствовать. Вот несколько наиболее ярких примеров, с которыми я часто сталкиваюсь в работе как с мужчинами, так и с женщинами. Первый пример — это мужчина, которого учили, что все эмоции плохие и проявлять их — не по-мужски. Его учили, что эмоции делают его менее мужественным и ослабляют его личность. Эмоции создают впечатление, что человек слабый и беспомощный.

Второй пример — женщина, которой сказали, что она слишком эмоциональна, поэтому ее эмоции — неправильные. Ей объяснили, что она должна справиться с этой «проблемой», приложив все усилия к тому, чтобы научиться контролировать ее. И наконец, многие люди пережили в своей жизни настолько ужасные травмы, — например, жестокое обращение, — что боятся испытывать глубокие чувства, поскольку эти переживания вызывают слишком сильную боль. В каждом случае это приводит к тому, что человек всю жизнь верит в ложь, будто эмоции — это плохо. И подобное восприятие не меняется в жизни человека волшебным образом, когда он оканчивает семинарию или занимает пост старшего пастора.

Евангелие Иисуса Христа способно исцелить наши души так, что в нашем новом воскресшем «я» мы сможем глубоко чувствовать и бескорыстно заботиться о других. Восстановленная способность чувствовать — одна из многих областей, в которых сила Христа через Святого Духа может укорениться в наших душах и изменить нас. Именно в нашей немощи совершается сила Христа (2 Кор. 12:9). Примите дар глубоких чувств, и, если что-то мешает вам это сделать, не бойтесь посмотреть правде в глаза, зная, что Иисус способен исцелить даже самое израненное, подавленное сердце. Позвольте другим заслуживающим вашего доверия пасторам помочь вам найти исцеление в тех областях жизни, которые могут подавлять вашу способность глубоко чувствовать.

*Тест № 2:*
*Способны ли вы испытывать сострадание*
*к страдающим людям?*

Очень распространенная ошибка — путать понимание с состраданием. Уверяю вас, разница есть — и особенно ощутима она для страждущего. Умом человек признаёт, что другому больно, и даже видит обоснованную причину его боли. Вместе с тем остается неспособность сопереживать своему ближнему, нести его бремя и вместе с ним чувствовать его боль. В свою очередь, сострадание позволяет одному человеку сопереживать, т. е. разделять чувства другого. В таком случае человек не просто признаёт боль ближнего, но переживает ее вместе с ним. Он действительно несет бремя другого (Гал. 6:2). В этом — важнейшее различие для человеческого переживания. То, как мы общаемся со страдающими людьми, передается через наши слова, позу, тон голоса, зрительный контакт: просто ли мы их понимаем или действительно сопереживаем им и несем это бремя вместе с ними. Сострадание позволяет пастору любить страдающего и сочувствовать ему более глубоко и искренне.

Церкви нужны не просто пасторы. Этот уникальный труд требует отважных пасторов. Мужчин, которые настолько уверены в собственной идентичности во Христе, что способны принять свою человеческую природу, хрупкость, грех, слабость и неудачи и помнить, что любимы и приняты Иисусом благодаря Евангелию. Такой пастор проявляет себя как сострадательный пастор; как пастор смиренный и готовый учиться; как мудрый и проницательный пастор, способный оценить действия своей души и душ других людей. Пастору не нужно быть идеальным или иметь все сразу. Он просто должен нуждаться в Иисусе и знать, что нуждается в Нем так же сильно, как и все остальные. Это отважный пастор, который находит силу в своей слабости и любит настолько глубоко, что может хорошо заботиться о своей собственной душе, а также о душах, которые находятся под его опекой. Пусть Бог даст пасторам благодать, необходимую для такого служения страждущим церквям не только ради Церкви Христа, но и для сохранения души пастора, совершающего этот благородный труд во славу Божью.

ЧАСТЬ 3

# ДУХОВНАЯ
# ЗАБОТА О ПАСТОРЕ

## Джим Савастио

# 8
# ИСПОЛЬЗОВАНИЕ ОБЩИХ СРЕДСТВ БЛАГОДАТИ

На протяжении многих лет я с удовольствием участвовал в жизни различных сообществ за пределами моей церкви. Я вспоминаю о группах вроде семей баскетболистов или актеров школьного театра, частью которых я стал, будучи родителем. В этих местах я был не «пастором Джимом», а просто «Джимом» или отцом моего ребенка. Я наслаждался этими короткими передышками от постоянного бремени пасторства. Бывают моменты, когда я очень хочу быть частью своей церкви просто как ее член. Мне хочется общаться с братьями и сестрами как обычному брату, а не как их пастору. Иногда это желание коренится в моих личных убеждениях о природе членства в церкви. Я бы хотел найти способ показать: многое из того, что я делаю по отношению к церкви, происходит потому, что я христианин, а не потому, что я пастор. Людям легко думать, что пастор регулярно посещает церковь и принимает гостей, потому что это его работа. Иногда можно подумать: «Конечно, он ходит на молитвенное собрание; ему же за это платят».

Но я собираюсь вместе с церковным телом, молюсь, общаюсь и открываю свой дом не потому, что я пастор, а потому, что я христианин. Я делаю это, потому что убежден: это — мой долг и радость как для сына Божьего. Это различие может быть неочевидным для вашей церкви, но оно должно быть ясным для вашего сердца и души.

### Просто какой-то парень из церкви

Можете ли вы быть частью церкви, не играя при этом роль пастора? Можете ли вы пользоваться благословениями и преимуществами членства в церкви так, чтобы это не было связано с публичным и частным служением? Не так давно, посещая больницу, я увидел чудесный проблеск этой возможности. Марку, семилетнему мальчику из нашей церкви, должны были прооперировать руку из-за инфекции, которой он заразился после укуса кошки. Незадолго перед тем, как его должны были увезти на операцию, я зашел вместе с ним и его родителями в маленькую кабинку помолиться. Когда медсестра увидела меня, она спросила маленького мальчика: «Марк, ты знаешь, кто этот человек?» Он смущенно ответил: «Знаю». «Ну, и кто он?» — спросила сестра. Мальчик сказал: «Это парень из моей церкви». Мне понравился его ответ. Именно им я и хочу быть — просто парнем из церкви. Да, я проповедую, наставляю, провожу молитвенные собрания и консультирование. Я благодарен за того, кто — пусть даже ему всего семь лет — может ясно видеть меня тем, кто я есть. В первую очередь не одним из пасторов, не «большим пастором», который нес публичное служение на протяжении почти 30 лет, а просто каким-то парнем из церкви.

*Верить в то, что мы говорим другим*

Раз вы служите, то, вероятно, убеждены, что ваше призвание высоко и свято. Вы также должны быть убеждены, что церковь занимает центральное место в Божьем плане на земле. Какой бы презираемой и униженной ни была Церковь в глазах этого мира, она является невестой Христа и зеницей Его ока. У Церкви славная идентичность. Быть частью церкви — значит быть частью Его Тела, полноты Того, Кто наполняет все во всем. Быть частью церкви — значит быть членом семьи Божьей, храма Нового Завета, в котором обитает Святой Дух. Если я член церкви, это значит, что я — часть дома Бога живого, который есть столп и утверждение истины. Иисус возлюбил Церковь и предал Себя за нее. Он любит и питает Церковь и однажды представит ее Себе без пятна, порока или чего-либо подобного.

Церковь также имеет славное предназначение в мире. Ведь это — Церковь, которой воскресший Иисус дал поручение проповедовать Евангелие народам, учить верующих, основывать церкви и сиять так, чтобы прославлялся наш Небесный Отец. У Церкви славное место назначения. Однажды она унаследует землю. Те, кто составляет Тело Христово, будут воскрешены совершенными. Церковь будет вечно с Господом. Эти благословения и обетования относятся к нам не потому, что мы руководим церковью, проповедуем или служим ей. Они принадлежат нам, потому что мы находимся во Христе и, следовательно, являемся частью Его Тела и Его невесты.

Были бы эти убеждения такими же четкими и твердыми, если бы вы не занимались служением? Мне приходилось видеть, как люди говорили возвышенные слова о ценности и важности церкви, пока были пасторами. Однако как только они оставляли пасторское служение, их «богословие» претерпевало поразительную деградацию. Является ли проповедь ценной и необходимой, если вы никогда больше не произнесете на публике ни одного слова? Славно ли для вас время совместного поклонения и молитвы, когда не вы проводите его? Были бы святые вашей отрадой, если бы вам не было поручено заботиться о них, и вы не получали бы за это вознаграждение? Принятие общих средств благодати сделает нас более верными пастырями.

### Больше, чем пасторы

Как пасторы, мы с упоением провозглашаем важность поместной церкви, ценность проповеди, а также значимость великого благословения — иметь одаренных Богом людей, наблюдающих за нашей душой. Если нам становится известно о верующем, который не является частью церкви, мы, скорее всего, начинаем искать возможности обличить его или увещеваем о том, как важно для верующих использовать общие средства благодати. При всей этой истинности и убежденности именно с этим у служителей часто возникает проблема. Она заключается в том, что служители лично не участвуют в благословениях, которые внушают другим. Что я имею в виду?

Многие из пасторов, читающих эту книгу, занимают основную, а в некоторых случаях и исключительную руководящую позицию. Если рядом с вами есть другие пасторы, вы, быть может, занимаете пост старшего пастора или пресвитера, ответственного за проповедь и учение. Это может означать, что почти все проповеди, которые вы слышите, — ваши собственные проповеди. Вполне возможно, что вы слушаете других проповедников в вашей церкви с позиции их наставника, который ищет, как можно помочь этому проповеднику. Вы не слушаете эти проповеди как простой ученик, который с благодарностью питается от Слова Божьего. Если мы занимаемся служением, нам известно, что значит искать людей, которые страдают и нуждаются в поддержке. Мы постоянно следим за больными, за нуждающимися. Мы звоним по телефону, отправляем сообщения или назначаем встречи, чтобы быть рядом с теми, кто слаб и проходит через трудности. Мы отдаем, отдаем и снова отдаем, но очень редко принимаем. Когда в последний раз вам звонил какой-нибудь брат или один из ваших пресвитеров, чтобы просто узнать, как у вас дела? Когда в последний раз кто-нибудь спрашивал вас о том, как там ваша душа? Когда в последний раз в церкви к вам подходил брат, чтобы ободрить вас или выступить в качестве голоса вашей совести в отношении ваших борений?

Наша паства и пресвитеры могут думать, что мы не нуждаемся в пасторе так же, как в нем нуждается «рядовая овца». А почему они так считают: пришли ли они к такому выводу самостоятельно или это мы культивируем такое восприятие? Не проскакивала ли и у нас мысль, что максимальную пользу другим мы принесем, только если будем непроницаемыми? Случалось ли нам думать, что если народ Божий вдруг узнает, что мы устали, разочарованы или временами бываем подавлены, то он больше не сможет получать от нас духовную пищу?

Если люди не воспринимают нас как овец, которые тоже нуждаются, — мы вполне можем пожать то, что посеяли. Мы можем внушить другим мысль, будто находимся в безопасности за стеной профессионального служения. «Мое сердце в полном порядке, большое спасибо!» Наше хождение с Богом всегда сладко. Наши мысли всегда направлены к горнему. Мы дышим воздухом, пропитанным ароматом вечно курящегося ладана, когда трудимся в храме нашего исследования. Мы никогда не сталкиваемся с трудностями в отношениях с нашими женами, у нас нет проблем с нашими детьми — по крайней мере до того момента, пока эти проблемы не становятся очевидными. Такой образ жизни разрушает душу пастора, и это не может продолжаться долго.

### Я нуждаюсь в пасторе, и я нуждаюсь в церкви

Мы сами можем поверить в эту ложь. Другие нуждаются в церкви. Другие нуждаются в нас, но мы сами в них не нуждаемся. Мы бы обратились к совести верующего, который говорит, что может служить Христу в отрыве от Тела Христова. Мы бы осудили христианина, который сказал бы, что ему не нужны люди, которые бы проповедовали ему или заботились о его душе. Мы бы ясно указали таким людям, что Библия говорит об обратном. Церковь и пасторское служение существуют не только во славу Божью, но и потому, что все христиане, живущие в этом веке, нуждаются в них.

Христиане должны присутствовать на богослужении каждую неделю. Им нужен человек Божий, который каждую неделю открывал бы Слово Божье их нуждающимся душам. Им нужны не только верные братья, но и опытные пастыри, которые будут проверять их и помогать им вне кафедры. Если это верно в отношении тех, кто находится под вашей опекой, то вам важно понять, что это верно и в отношении вас самих. Вы — в первую очередь христианин, а потом уже пастор.

Проще говоря, пастухи — это прежде всего овцы. Нужны ли овцам пастухи и надсмотрщики за их душами? Если нужны, то и вам тоже. Нужно ли верующим общение с Божьим народом, чтобы выжить в этом мире? Если нужно, то и вам тоже. Нужно ли верующим быть частью общины и принимать общие средства обретения благодати? Если нужно, то и вам тоже. Человек Божий, который делится Словом, должен также и получать это Слово. Тот, кто служит чашей и хлебом, также нуждается в питании от этого хлебопреломления. Если вы принимаете ту высокую оценку, которую Библия дает сущности проповеди и ее результату, тогда и вам самим нужно принимать это благословение от кого-то другого, а не от самого себя. Это значит, что вы должны придумать, как другие могут служить вам Словом. То есть вам следует найти способ регулярно получать для вашей души проповедь Слова, коль скоро вы — дитя Божье.

### Нам нужен план

Это можно сделать по-разному. Возможно, вы служите в небольшой общине, где не получаете особой помощи в проповеди. В силу необходимости проповедовать в основном приходится вам. Вот две идеи, как вы можете принять эти средства обретения благодати.

Во-первых, постарайтесь найти в вашей пастве одаренных людей, которые могли бы проповедовать. Есть ли в вашей общине одаренные мужчины, которым вы можете помочь возрасти и которые способны послужить проповедью или учением пару раз в месяц? Ведь это позволило бы вам быть на богослужении со своей семьей. Хорошо, если время от времени вы позволяете другим людям проводить богослужение, публично читать Слово Божье, вести общее поклонение или совершать вечерю Господню. Это может быть человек, который одарен в служении Слова не так, как вы. Однако ищите компетентных братьев, которые смогут с верностью иногда вас подменять.

Во-вторых, развивайте дружеские отношения с другими пасторами в вашем регионе. Если у такого пастора есть сопастыри, то он или один из его соработников могут регулярно приходить к вам проповедовать. Дело здесь даже не в том, что вам нужно «передохнуть», важно то, что вы сами нуждаетесь в том, чтобы вам проповедовали Слово. Объясните это своей общине. Пусть они знают: раз вы отдаете, то вам нужно и получать. Если ни один из этих вариантов в настоящее время вам не доступен, я бы призвал вас, по крайней мере, читать, слушать или смотреть проповеди одаренных братьев, чье понимание Слова проникает в вашу душу.

Общие средства благодати задуманы Богом для каждого христианина, чтобы приносить благо для его души. Именно поэтому они называются «средствами обретения благодати». Бог уникальным образом приносит через них благодать. Пасторы ничем не отличаются от других верующих. Средства благодати нужны нам. Наши души жаждут их. Принимайте их, зная, что именно через них Бог дарует усталой душе пастора благодать.

# 9

# ИСПОЛЬЗОВАНИЕ ЧАСТНЫХ СРЕДСТВ БЛАГОДАТИ

Вопрос поддержания духовной жизненной силы через личное чтение Слова, размышление и молитву уже отчасти рассматривался в предыдущей главе. Я не знаю ни одного пастора, который не встревожился бы, услышав, что какой-то член его церкви ежедневно живет в пренебрежении к средствам, которые Бог предоставил для его духовного питания и ободрения. Человек, который знает, какие благословения есть у Бога для его жизни, размышляет над законом Божьим день и ночь (Псалом 1) и выделяет время, чтобы принести свое сердце перед Богом в молитве. Поэтому обнаружить подобное пренебрежение у человека, призванного к служению, еще более тревожно.

В этой главе мы немного разовьем эту тему, особенно применительно к нашему призванию. Как в нашем публичном, так и в частном служении мы призываем людей и к знаниям, и к опыту. Мы не просто рассказываем людям о том, кто такой Бог, что Он сделал и сказал. Мы не просто излагаем волю

Господа и подчиняемся ей в своей жизни. Мы призываем людей познать Господа. Мы призываем их не просто обратиться, но переживать опыт хождения и общения с единственным истинным и живым Богом. В обращении мы приходим к познанию Бога. Будучи пасторами, мы как имеем великие благословения, так и сталкиваемся с уникальными опасностями в этом аспекте христианской жизни.

Многие пасторы наслаждаются великим благословением и преимуществом трудиться полный рабочий день в Слове и молитве. Это означает, что члены вашей церкви жертвуют достаточно щедро для того, чтобы вы могли отдавать все свое рабочее время вечному. Мне часто приходилось слышать, как после проповеди кто-то говорил: «Не могу поверить, как много ты извлек из этого текста!» Я часто отвечаю: «Ну, у меня было сорок-пятьдесят часов на этой неделе, чтобы размышлять над этим текстом и изучать его!» Только представьте: наша работа — изучать Библию! Наша задача — пробираться через неисследимые богатства Христа, а затем неделю за неделей представлять Его истину Его народу. Это наша огромная привилегия — приходить к сокрушенным сердцам или запутавшимся людям, чтобы принести им надежду и свет Божьего Слова. Наша работа — идти за заблудшими овцами и быть глашатаем Великого Пастыря. У нас есть время для того, чтобы молиться, читать библейские комментарии, слушать или смотреть проповеди, посещать богослужения и разделять с людьми трапезы, во время которых разговор часто напрямую касается духовного. Разве это не замечательно?

В предыдущей главе, говоря о профессионализме, мы обсуждали искушение при чтении Библии относиться к ней исключительно с позиции проповедника (будто мы читаем

Библию только для того, чтобы позже изложить ее другим), но не воспринимать себя как обычного верующего, который нуждается в простом общении с Богом и питании от Него. Но есть еще одна проблема, о которой мы должны помнить: это риск позволить невероятно прекрасному стать обыденным. Мало что в жизни настолько же трудно сохранить, как чувство удивления и благоговения.

### Избежать синдрома смотрителя парка

В прошлом году мне посчастливилось свозить жену и детей в Гранд-Каньон. Об этой поездке мы говорили почти двадцать лет. К окончательному решению отправиться в поездку нас подтолкнул тот факт, что моя дочь Оливия через несколько месяцев выходила замуж. Это был последний раз, когда мы все вместе отправлялись куда-то в таком статусе. Если вы когда-либо бывали в Гранд-Каньоне, то и сами знаете: фотографии, видеоролики и описания других людей не способны передать даже часть того, что открывается вашему взору. Это нужно увидеть своими глазами. Сотни тысяч людей со всего мира приезжают в этот парк и в молчаливом удивлении смотрят на просторы и красоту этой части Божьего творения. Но не все, кто приезжает в Каньон, посетители. Некоторые из окружающих вас людей — это сотрудники национального парка. Некоторые из них — смотрители парка, изучавшие Каньон и историю национального парка. Их работа — быть там каждый день. Они рассказывают желающим о том чудесном зрелище, которое открывается перед ними. Они замечают, как от увиденного у людей загораются глаза и открываются рты. Эти сотрудники, несомненно, знают, что у них классная работа и что то, чем они делятся, действительно потрясающе. Однако, когда пройдет какое-то количество месяцев или, быть может, лет, с эмоциональной точки зрения Каньон может превратиться для них в обычную дыру в земле. Как это место может сохранить свое эмоциональное великолепие, когда ты видишь его в тысячный раз?

Мы можем немного изменить эту аналогию: вспомните о том, как вы впервые коснулись руки своей жены или впервые увидели своего первенца. Я просто не мог отвести глаз от своей дочери, пока она спала. Когда она была новорожденной, буквально каждое ее движение вызывало во мне эмоциональный отклик. Прошло двадцать шесть лет, и это уже так не работает. У меня уже нет соблазна сделать тысячу фотографий, на которых она просто чем-то занимается. Когда я целую свою жену, я уже больше не ощущаю, будто по моему телу проходит электрический разряд. Время и многократные повторения притупили остроту ощущений. Главное — сохранять ощущение голода и нужды.

### Оставаться голодным

Как же мы можем оставаться голодными по Слову Божьему? Как мы можем приходить к Библии снова и снова не теряя трепетного ощущения, приходящего от осознания того, что это за книга? Для нас, пасторов, это особенно актуально. Большинство верующих на протяжении недели проводят в чтении Библии очень мало времени. Самые посвященные ученики могут потратить на исследование ее богатств до часа. Но наша пасторская работа — проводить часы в изучении, анализе и размышлении. Великие вещи могут стать обыденными. Может случиться, что мы будем учить истинам, которые раньше наполняли наши души приливом восторга, а сейчас вызывают поблекшие эмоции. Наше глубокое знакомство со Словом может стать, если мы не будем осторожны, средством эмоционального и духовного отдаления от Слова. К сожалению, возможна ситуация, когда мы лучше узнаём содержание наших Библий и при этом меньше знаем нашего Бога. Очень важно, чтобы мы продолжали жаждать Бога и Его Слова, а также стремились к тому, чтобы Слово питало наши души.

## Оставаться нуждающимся

А как же молитва? Если вы хотите заставить практически любого верующего почувствовать себя неполноценным, задайте ему вопрос о его молитвенной жизни. Многие пасторы откровенно призна́ются вам, что трудиться над Словом им гораздо легче, чем посвятить себя молитве. Если мы честно относимся к библейскому описанию пастырского служения, то знаем, что наш долг — молиться за паству. Но как лучший в мире повар должен готовить еду и для себя самого, так и мы должны молиться независимо от нашей пасторской ответственности. Пожалуй, в христианской жизни и служении не найдётся другой сферы, в которой разрыв между знаниями и практикой был бы больше, чем это происходит с молитвой.

Одно из самых страшных обвинений в отсутствии молитвы содержится в Иеремии 17. Именно здесь мы находим широко известные слова о том, что сердце человека лукаво и безнадежно испорчено.

> *Так говорит Господь: проклят человек, который надеется на человека и плоть делает своею опорою, и которого сердце*

*удаляется от Господа. Он будет как вереск в пустыне и не увидит, когда придет доброе, и поселится в местах знойных в степи, на земле бесплодной, необитаемой. Благословен человек, который надеется на Господа, и которого упование — Господь. Ибо он будет как дерево, посаженное при водах и пускающее корни свои у потока; не знает оно, когда приходит зной; лист его зелен, и во время засухи оно не боится и не перестает приносить плод. Лукаво сердце человеческое более всего и крайне испорчено; кто узнает его? Я, Господь, проникаю сердце и испытываю внутренности, чтобы воздать каждому по пути его и по плодам дел его.*

*Иеремия 17:5–10*

Слова пророка до боли ясны. Бог знает, зависим мы от Него или нет. Бог видит нас, когда мы одни. Он знает, надеемся ли мы на нашу мудрость, образование, дары, личные качества или же уповаем на Него. Надеяться на свои силы, на свою плоть — это не просто проявление духовной глупости, это признак того, что наши сердца отходят от Господа. Пророк подчеркивает, что наша жизнь, а значит и наше служение, принесет либо обильный плод Божьей благосклонности в ответ на молитву, либо увядшие свидетельства нашей самоуверенности.

Может ли Бог небес сделать больше того, что Он уже сделал, чтобы побудить нас к молитве? Он пролил кровь Своего Сына, дал дар Духа усыновления, показал открытость Своего сердца и рассказал о Своей щедрости. Он ясно говорил, что хочет, чтобы Его народ знал Его, и приглашал его в Свое присутствие в любое время. Так как же нам принять библейское учение о молитве не только в отношении нашего призвания, но и в отношении нашей человеческой природы? Как найти и сохранить в нашем сердце место для общности и зависимости? Как поддерживать его на протяжении десятилетий? Можно ли сделать что-то, что помогло бы нам уподобиться человеку, о котором говорится в Псалме 91, который приносит плоды в старости и на протяжении многих лет остается «плодовитым и свежим»? На ум приходят четыре совета, способные помочь нам в личном общении с Господом и не дать нашим душам остыть к Нему.

### Сохранять теплоту

Первое, что я посоветую, — найти духовные материалы, которые помогали бы поддерживать наше сердце в надлежащем состоянии. Есть книги, которые не только проливают свет на разум, но и согревают остывающее сердце. Такие люди, как Чарльз Сперджен, Октавиус Уинслоу и Джон Райл, мастерски смогли пронести тепло и страсть к Спасителю через десятилетия своего христианского служения. У этих людей получилось сохранить чувство восторга в отношении личности Христа и совершенного Им труда, Божьей любви, славы искупления и радости грядущего мира. Они были не только превосходными богословами, но и пасторами, которые, очевидно, понимали свое собственное сердце и сердца людей, которым служили. Как и любой хороший пастор, эти служители знали и Библию, и человеческое состояние.

Во-вторых, если вы обнаружите, что становитесь сухими и черствыми во время общения с Господом, значит, пора что-то изменить. Если у вас один и тот же план чтения Библии уже двадцать лет, возможно, пришло время поэкспериментировать с тем, как вы «принимаете» Священное Писание. После того, как на протяжении нескольких десятилетий я старался пройти всю Библию за год, я решил читать Писание иначе — в течение года сосредоточиваясь на определенных аспектах Божьего откровения. В прошлом году я поставил цель — погрузить свой разум в Новый Завет с помощью повторений. Еще я начал слушать аудиобиблию — для меня это также стало новым способом восприятия Божьего Слова. Слушая Слово из уст другого человека и, например, услышав, какие ударения и акценты он делает в своем чтении, я часто замечал, что неожиданно увлекаюсь размышлением над текстом. Как вариант, вы можете достать сборник старых гимнов и прочитать или пропеть несколько великих богословских произведений прошлого. Джон Пайпер однажды сказал: «Именно в пении наши души наиболее приближаются к радости и восторгу от божественной истины, к которой мы должны стремиться»[10].

В-третьих, мы должны честно разобраться с этим бременем вместе с Господом. Мы должны принести Ему наше холодное или равнодушное сердце. Может показаться постыдным, что проповеднику Слова приходится обратиться к Богу и сказать: «Я знаю, Ты сказал, что эта книга стоит больше, чем множество чистого золота, и ее наставления слаще, чем мед, но, Господи, сейчас я не испытываю этой радости — помоги мне приходить к этой благословенной книге с обновленным рвением и желанием».

Библия утверждает, что в ней содержится неисследимое богатство. Чтение этой книги должно приводить нас в соприкосновение с истинами, которые мы никогда не сможем познать до конца. Насколько бы хорошо мы ни знали свою Библию, как бы часто ни читали Слово, мы можем просить

---

Господа делать старые истины приятными и предвкушать новые открытия.

Наконец, ничем не заменить настойчивость. Когда мы каждый день «принимаем» Божье Слово, это во многом похоже на приемы пищи, необходимой для поддержания нашей жизни. Все мы ели много блюд, о которых сразу же забывали. Мы могли не осознавать, какие витамины, минералы и питательные вещества поступали в наш организм благодаря еде, которая в момент потребления не особо запоминалась, не казалась аппетитной. Иногда достаточно просто вновь обратиться к Библии — и мы уже движемся вперед. Возможно, из-за стола мы встанем не такими сытыми и счастливыми, как нам хотелось бы, но этот «прием пищи» вернет нас к Господу и вновь зазвучит истиной в наших душах.

Как часто говорят, «лучшие из средств — в лучшем случае средства». Время, уделенное Библии, и молитва — это средства обновления души. Именно они остаются самыми мощными и надежными личными средствами благодати для каждого последователя Иисуса, и пасторы здесь не исключение. Но в конечном счете нас хранят не средства. И не средствами мы будем хвалиться в последний день. Наша надежда на то, что наша молодость обновится, словно орел, так, что мы пойдем и не устанем, — в Господе.

ЧАСТЬ 4

# ФИЗИЧЕСКАЯ ЗАБОТА О ПАСТОРЕ

## Брайан Крофт

# 10

# ПИТАНИЕ

Как пастор Южной баптистской конвенции я стараюсь регулярно посещать ее ежегодные собрания. Мне важно быть там, и я могу встречаться с моими друзьями-пасторами, с которыми, кроме как на этом ежегодном мероприятии, у меня нет возможности видеться. Помимо этого, в Южной баптистской конвенции всегда есть место непредсказуемости, которая порой принимает забавные формы. Для тех, кто не знает: на это ежегодное собрание съезжаются пять-семь тысяч пасторов и членов церквей Южной баптистской конвенции со всей страны. На этой встрече выделено отдельное время для открытого микрофона. Другими словами, каждый может выйти к микрофону и выступить с предложением или вопросом. Кто угодно. Как вы можете себе представить, на протяжении всей истории этого деноминационного собрания хватало и интересных, и печальных, и спорных слов.

Но особенно мне запомнился один разговор во время открытого микрофона. Это был год, когда старшее поколение, которое исторически считало употребление алкоголя грехом и практикой, разрушительной во всех отношениях, отстаивало эту позицию перед представителями молодого поколения, которое не придерживалось таких убеждений. На самом деле молодое поколение рассматривало употребление алкоголя как дар Божий, если это делалось ответственно и в меру. В качестве аргумента приводили тот факт, что в Библии нет заповеди, запрещающей употребление алкоголя, — запрет касался пьянства. Разговор стал напряженным и жарким, ведь между сторонами разгорелась дискуссия. Казалось, что вот-вот все выйдет из-под контроля... Но тут к микрофону подошел молодой тридцатилетний пастор. Он сказал:

> *В этой комнате нет никого, кто понимал бы разрушительное воздействие алкоголя так, как я. Меня воспитывал мой отец. Отец-одиночка. Он был алкоголиком. В детстве мне приходилось заботиться о своем отце, а в свои четырнадцать лет я видел, как он напился до смерти. Я хотел бы запретить употребление алкоголя, но Библия не позволяет мне этого сделать. Я не хочу кричать там, где Библия молчит.*

Затем он смело отправился на территорию, на которую не осмеливался заходить ни один южный баптист...

> *Этот разговор меня огорчает. Когда я оглядываюсь в этом зале, мне кажется, что нашей главной проблемой является не чрезмерное потребление алкоголя, а порабощение едой и ее чрезмерное потребление.*

Эти проницательные слова вывели спрятанную проблему на главную сцену самой большой протестантской деноминации в мире. У южных баптистов есть огромная проблема с ожирением, особенно среди пасторов. В глазах некоторых людей лишний вес пастора выглядит привлекательным, ведь это признак того, что его любят и хорошо кормят, точно так же, как в некоторых культурах полнота человека является признаком его богатства. Тем не менее это серьезная проблема, и она говорит не только о пищевых привычках пасторов, но и о состоянии их душ. В этой главе мы уделим внимание пищевым привычкам пастора и тому, как эти привычки могут повлиять на его душу.

*Два типа людей*

Сделаю грубое обобщение, чтобы проиллюстрировать эту проблему. В конечном счете есть два типа людей, которые по-разному реагируют на стресс: те, кто, испытывая стресс, начинают есть, и те, кто, испытывая стресс, перестают есть. Еда и то, для чего мы ее используем, может многое сказать о состоянии нашей души. Это справедливо и для меня. В моем роду многие поколения людей заедали стресс. Те, кто заедают стресс, переходят грань, за которой еда из средства получения удовольствия и питательных веществ для организма превращается в опасное средство достижения комфорта. Я убежден, что именно в этом кроется главная причина серьезной проблемы ожирения в Америке. Я также убежден, что именно в результате сильного стресса, которому постоянно подвержены пасторы, столь многие из них страдают от избыточного веса и ведут нездоровый образ жизни.

Давайте не будем упускать и другую крайность в этом вопросе: тех, кто во время стресса начинает избегать еды. Такая проблема души менее заметна, ведь она не выставляет тебя в образе тучного, измотанного пастора, который, вероятно, порабощен едой. Тем не менее этот способ тоже заставляет пастора справляться с трудностями служения нездоровым для его физического тела образом и игнорировать крик о помощи своей души.

### Забота о душе

Как пастору понять не только свои привычки в еде, но и то, как еда раскрывает процессы, происходящие в его душе? Вот четыре подхода, которые могут быть полезны.

*Во-первых,* развивайте осознанность. Самосознание — самый важный инструмент для нашего роста. Не зная, в чем реальная проблема, мы не сможем ее решить. Прежде всего, узнайте историю своей семьи и то, как вас учили воспринимать и потреблять пищу. Была ли еда наградой? Использовалась ли в вашей семье еда для утешения в трудные моменты? Затем каждый из нас должен осознать, как мы используем пищу сейчас. Мне было очень важно понять, что еда для меня — средство успокоения в стрессовых и тревожных ситуациях. Пока это осознание не пришло от Бога, я просто ел слишком много и не знал, почему я это делаю. Оно также помогло мне лучше понять другой полюс на этом спектре — те ситуации, когда я заботился в моей общине о сестрах, которые боролись с расстройствами пищевого поведения. Первый шаг — прийти к пониманию: то, как мы воспринимаем и потребляем пищу, может многое рассказать о нашей душе.

*Во-вторых,* внимательно следите за своим весом. Однажды я слышал выступление пастора Эла Мартина перед группой пасторов, когда он поделился этой простой, но важной для пасторов истиной: «То, что ты съел и не сжег в этот же день, идет сюда, сюда и сюда [показывает на разные части своего тела]». Мой вес стал для меня очень полезным индикатором того, насколько хорошо я справляюсь со своим желанием найти утешение в еде. Когда мой вес растет, это может означать несколько вещей. Почти всегда это свидетельствует о том, что я испытываю больший стресс и в результате больше ем. Контроль моего веса становится показателем не только уровня стресса, но и того, насколько хорошо я с ним справляюсь. Если у пастора от двадцати пяти до пятидесяти килограммов лишнего веса, причиной этого может быть сильное душевное потрясение, которое нельзя игнорировать.

Однако вес не дает полной картины. Однажды я разговаривал с пастором, который боролся с перееданием, но при этом был очень худым. Он сетовал на то, как трудно бороться с перееданием и при этом часто слышать: «Ты слишком худой. Тебе нужно больше кушать». Точно так же есть люди, чей избыточный вес появился из-за проблем со щитовидной железой или обменом веществ, а не потому, что они переедают из-за стресса. Несмотря на эти исключения, наш вес может многое рассказать о нашей душе. Следите за этим.

*В-третьих,* заботьтесь о своем личном свидетельстве. Чем старше мы становимся, тем труднее поддерживать свой вес и оставаться в форме. Я не говорю, что человек, который имеет немного лишнего веса и не занимается спортом так часто, как ему хотелось бы, рискует испортить свое евангельское свидетельство. Я также не утверждаю, что мы должны каким-то образом добиваться привлекательного внешнего вида, чтобы наше послание услышали. Мы все разбитые сосуды, которые использует Мастер. Однако, если кто-то из христиан окажется полностью порабощен чем-либо — наркотиками, имуществом или едой, — это может повредить свидетельству о свободе, которую мы имеем в Евангелии. Именно эта тайна стала явной на том съезде южных баптистов. Евангелие дает свободу во Христе от греха и этого мира, но сила этой вести может показаться неоднозначной, если ее выкрикивает человек с семьюдесятью килограммами лишнего веса, который запыхался, пока просто выходил за кафедру. Воздержание — это часть плода Духа, который должен родиться в нашей жизни, чтобы утвердить наше свидетельство. Апостол Петр призывает всех пасторов быть примером для стада (1 Пет. 5:3). Помните о вашем личном свидетельстве.

*Наконец,* найдите утешение в Иисусе. Осознание того, какое влияние оказывает пища на нашу душу и что мы можем использовать еду как средство утешения в этом падшем мире, — сильная вещь. Но решение проблемы не ограничивается одной лишь осведомленностью. Наши души получают необходимые питание и заботу тогда, когда мы осознаём, что наше утешение в стрессах и трудностях служения не в еде, а в Иисусе. Мы должны овладеть своим стремлением к еде или отказом от нее до того, как Иисус сможет прийти и дать единственное долговременное утешение среди страданий этого мира. Идея о том, что Иисус приносит удовлетворение так, как этого не может сделать самая лучшая пища, находит отклик в Святом Духе, живущем в каждом из нас — в последователях Иисуса.

Пасторы, будьте честны в том, какое место еда занимает в вашей жизни. Мне потребовалось тридцать лет, чтобы честно признаться себе в этом. И для меня это всегда будет борением. Уверяю вас: душа не перестанет томиться от действительно существующих боли и печали, которые еда пытается скрыть. Помните, что в этой точке открытости и честности нас встретит Божья благодать и даст нам силы расти в самообладании и преодолевать ловушки, которые расставляет перед нами еда. Это создаст в вашей душе пространство, которое принесет облегчение и покой, к которым вы действительно стремитесь.

# 11

# СОН

В жизни большинства занятых людей существует невероятная ирония. В суете мы в первую очередь жертвуем тем, что нам необходимо для высокой продуктивности и успеха в различных аспектах нашей напряженной жизни, — сном. Когда в труде пастора есть призвание от Бога, когда Божий народ нуждается в заботе, а Божье Царство созидается, сон всегда кажется незначительным вопросом. Со временем из-за такого отношения многие пасторы начинают воспринимать сон как помеху в работе. Дело в том, что сон — это дар Божий. Он напоминает нам, что мы не Бог, а люди — хрупкие, слабые и ограниченные. Как пишет Дэвид Мюррей, когда мы пренебрегаем сном, за это приходится платить физическую цену:

> *Если мы спим меньше шести часов в сутки на протяжении всего одной недели, это приводит к пагубным изменениям в более чем семистах генах, сужению коронарных сосудов и признакам потери мозговой ткани. Отчасти это объясняется тем, что сон активизирует систему удаления мусора из мозга, очищая*

*его от токсинов и отходов. Хроническое недосыпание связано с повышенным риском инфекций, инсульта, рака, высокого кровяного давления, болезней сердца и бесплодия. Потеря сна усиливает чувство голода, желание есть большие порции и предпочтение высококалорийной и высокоуглеводной пищи, что приводит к риску ожирения. Одним словом, сон — это не бесполезная трата времени, а важнейшая биологическая потребность, которая предотвращает заражение инфекциями и помогает нам поддерживать здоровый вес тела[11].*

Эта плата не ограничивается физической — она проникает в умственные, эмоциональные и духовные аспекты нашей жизни. Другими словами, недостаток сна вредит нашей душе. Цель этой главы — доказать, насколько важно, чтобы наша забота о своих душах включала в себя регулярный сон каждую ночь. Давайте сначала рассмотрим некоторые причины, по которым пасторы, в частности, не получают необходимое количество сна каждую ночь, а в заключение дадим несколько советов, как правильно спать, чтобы заботиться о своей душе.

*Причины, почему пасторы не спят*

Одна из причин, по которой пасторы не высыпаются как следует, — это гордыня. Пасторы смотрят на окружающих, которые, как им кажется, работают очень продуктивно и при этом мало спят, и чувствуют необходимость делать так же. Я так говорю потому, что сам чувствовал это в течение многих лет. Я попал в эту распространенную ловушку,

---

[11]  David Murray, *Reset: Living a Grace-paced Life in a Burnout Culture* (Wheaton, IL: Crossway, 2017), 56.

услышав истории о прославленных христианских лидерах вроде Альберта Молера или Джоэла Бики[12], которые читают по двадцать книг в неделю и спят не больше четырех-пяти часов в сутки. Я знал, что не смогу так, но не хотел никому в этом признаваться. Ведь из-за этого я мог выглядеть слабым и некомпетентным. Гордость вынуждает нас пытаться быть теми, кем мы не являемся и кем Бог нас не задумывал. Реальность такова, что мне нужно спать восемь часов в сутки. Я не только приму этот факт, но и буду радоваться этому. Я узнал, что мир выглядит мрачнее, когда мы смотрим на него в состоянии недосыпания. Служить становится труднее. Терпение ослабевает. Даже поспав шесть часов, я не приведу себя в лучшую форму — и я это знаю. Гордость заставляет пасторов совершать неразумные поступки, и недосыпание — один из них.

Еще одна причина, по которой пасторы не спят, заключается в том, что мы обманываем себя, считая, будто занятие чем-то другим является более духовным. Мы можем учиться, писать проповеди или молиться всю ночь. Ведь это гораздо больше похоже на духовные задачи для пастора, верно? Один из самых уважаемых богословов в мире, Дональд Карсон, придерживается другого мнения:

> *Иногда самое благочестивое для вас занятие во всей Вселенной — это хорошенько выспаться. Не молиться всю ночь, а спать. Я, конечно же, не отрицаю, что молиться всю ночь может быть уместным; я просто настаиваю на том, что при*

---

12  Альберт Молер — президент Южной баптистской богословской семинарии; Джоэл Бики — президент Пуританской реформатской богословской семинарии (*Прим. ред.*).

*нормальном ходе вещей духовная дисциплина обязывает вас получать сон, в котором нуждается ваше тело[13].*

Сон — это дар Божий. Это не только одно из самых благочестивых занятий, которые могут быть у пастора, но и одно из самых мудрых занятий, доступных нам, если мы хотим максимально хорошо совершать наш пасторский труд каждый день.

Вот последняя причина, по которой не спят многие пасторы: мы не можем контролировать время сна. Пастор, помешанный на контроле, сталкивается с проблемами со сном не потому, что не выполняет достаточно духовных задач за день, но потому, что ему трудно передать контроль Тому, Кто никогда не спит и не дремлет (Пс. 120:4). Пасторам необходимо понять, что дар сна каждую ночь — это призыв поверить в то, что Бог продолжит находиться на троне и править, пока мы спим, а также встречать нас новыми милостями каждое утро, когда мы просыпаемся.

### Забота о душе

Неверно считать, будто сон — это просто физическая дисциплина, которой мы подчиняемся, достигнув изнеможения. Когда дело касается гордости, контроля и путаницы в понимании того, что является истинно благочестивым поведением, вывод один — это проблема души. Как пастор заботится о своей душе через дисциплину сна?

Прежде всего, мы должны принять свою человеческую природу. Просто будьте честны в том, сколько сна вам нужно.

---

[13] Don Carson, *Scandalous: The Cross and Resurrection of Jesus* (Wheaton, IL: Crossway, 2010), 147.

Мне нужно восемь часов сна. Вам может потребоваться девять часов, в то время как другому пастору достаточно семи. Пока вы не поймете, что Бог создал вас уникальным человеком, который слаб и нуждается во сне, вы не сможете честно ответить себе, сколько сна вам действительно нужно. Одно из больших различий между нами и Богом в том, что нам нужен сон, а Богу — нет. Принятие этой истины приносит свободу, которая особым образом служит слабой и нуждающейся душе пастора.

Во-вторых, мы должны признать дар сна. Сон не стоит рассматривать как нечто, чем нужно заниматься только тогда, когда мы слишком устали, чтобы сделать еще что-нибудь. Сон — это дар Божий, который дает нам возможность подзарядиться и перезагрузиться для того, чтобы завтра мы могли служить Ему наилучшим образом. Сон — это не бремя, а дар, и у пастора, признающего это, будет больше мира в душе.

И наконец, мы должны все отпустить и довериться Иисусу. Когда мы хотим контролировать свою жизнь, отказаться от этого трудно. Сон напоминает христианам, что в действительности не мы контролируем ситуацию. Погружаясь в сон, мы не можем избежать этой истины, даже если весь день обманывали себя на этот счет. Пасторы несут огромное бремя в течение дня. Каким же даром может быть сон для пастора и его души, когда он, ложась спать, передает это бремя Иисусу.

Я стараюсь использовать последние мгновения перед тем, как заснуть, чтобы в ясном осознании усталости обратиться к Богу с такой молитвой: «Господи, прямо сейчас я вспоминаю, что я не Бог. Я всего лишь человек. Мне нужен сон. Сейчас я больше ничего не могу сделать. Но Ты — Бог. Тебе сон не нужен. Ты всемогущ и вездесущ. Этот момент — дар, ведь я ложусь спать и отпускаю все тяготы, которые нес сегодня для своего народа. Помоги мне отпустить их и отдать Тебе. Присмотри сегодня за мной и моей семьей, ведь Ты — Бог, Который не спит и не дремлет. Да наполнится завтрашний день Твоими новыми милостями. Спасибо Тебе».

Пасторы, сон — это дар. Примите это. Используйте его каждый вечер, чтобы разгрузить свою душу и принять временное облегчение. Уверяю вас, утром вашей душе будет чем заняться.

# 12

# ФИЗИЧЕСКИЕ УПРАЖНЕНИЯ

Большую часть своей жизни я был спортсменом. В средней школе занимался всеми основными видами спорта. В старших классах играл в теннис. И первый год в колледже я продолжал заниматься теннисом. Студент из меня был не очень, но со спортом у меня клеилось. И я любил спорт. Когда я понял, что не стану профессиональным теннисистом, стал уделять время другим вещам. Через год после того, как я перестал играть в колледже в теннис в надежде закончить учебу, я устроился работать в одну очень оживленную церковь. Я знал, что физические упражнения по-прежнему важны, поэтому старался продолжать занятия спортом. Однако был не так активен, как в предыдущие годы. И в мою жизнь стали проникать две вещи.

Во-первых, я начал набирать вес. Для меня это был новый опыт, поскольку благодаря занятиям спортом я всегда оставался в хорошей физической форме. Когда моя одежда загадочным образом оказалась тесной, я сделал то, что обычно делает большинство людей в такой ситуации, — начал отрицать, что в действительности происходит. Наверное, моя одежда села после стирки. В следующем году я набрал пять-семь килограммов, и, несмотря на мое успешное игнорирование, это стали замечать окружающие. Мой отец, а он доктор, с любовью выразил свое беспокойство. Именно тогда я впервые осознал, что не был честен с собой по поводу явного увеличения веса. Я питался как и раньше, но уже не был так активен.

Во-вторых, я начал ощущать стресс в своей жизни так, как не ощущал его раньше. Я осознал уровень тревоги, которого никогда не испытывал. Объяснял я это тем, что взрослею и принимаю на себя взрослые обязанности, которых раньше у меня никогда не было. Это действительно было так, но изменилось еще кое-что. Я не занимался спортом, как раньше. Связь с увеличением веса была очевидна, но могло ли отсутствие физических упражнений повлиять на то, как я справляюсь со стрессом в своей жизни?

Размышляя о том периоде перехода во взрослую жизнь в возрасте около двадцати лет, я понимаю, что набор веса и дополнительный стресс связывало то, что из моей жизни внезапно исчезли физические упражнения. Ведь они всегда были в ней. Это все напоминало друга детства, который так хорошо знал вас, — вы даже не осознаете, насколько он важен для вас, пока он не пропадает из вашей жизни. Вот так у меня было с физическими упражнениями. Прошли годы, прежде чем я понял, что мне нужно делать, чтобы заботиться о себе по-новому, если я хочу выжить в служении и взрослой жизни. Именно это самопознание необходимо каждому пастору, если он хочет хорошо заботиться о своей душе.

Проблема в следующем: когда график пастора становится напряженным, на второй план отходит не еда. Даже сон нельзя вытеснить полностью. Обычно эта участь постигает физические упражнения. Среди всех приоритетов, стоящих перед умом и сердцем пастора, кажется, что именно упражнения проще всего отпустить. Это можно объяснить только одним: мы считаем, что они не так нужны. И это трудно для многих из нас. В данной главе мы постараемся предложить убедительные причины, почему физические упражнения все еще важны, почему они должны оставаться приоритетом в ежедневном распорядке пастора и как этого добиться.

*Причины, почему пасторы должны заниматься спортом*

Нет числа отговоркам, которые мы придумываем, лишь бы избежать физических упражнений. Это трудно. Я устал. Я за день набегался. Я работал за своим столом стоя. Сделаю упражнения завтра. Все тело болит. Я растянул сухожилие во время проповеди в воскресенье. Отговоркам нет числа! И все же, пренебрегая физическими упражнениями, мы упускаем важнейший инструмент заботы о себе не только в физическом, но и в эмоциональном и духовном плане. Однако прежде чем я поделюсь несколькими причинами, почему физические упражнения настолько важны, я бы хотел определить, что подразумеваю под физическими упражнениями.

В моем понимании это сочетание кардио- и силовых тренировок, которые должны длиться не менее двадцати-тридцати минут. Другими словами, они должны поднять частоту сердечных сокращений до определенного уровня на определенное время и физически нагрузить ваше тело так, как оно не нагружается в течение всего остального дня. Как этого достигать, зависит от индивидуальных предпочтений и способностей.

Для кого-то решением станет посещение спортзала, для кого-то — езда на велосипеде или бодрая ходьба по холмистой местности в течение тридцати минут. Есть веские причины упражняться. Все они связаны с заботой о душе.

Первая причина в том, что физические упражнения — это ключевой элемент в управлении весом. Не нужно быть фитнес-тренером, чтобы понять, что увеличение веса является результатом избыточного питания и недостаточной физической активности. Поиск причин, почему мы переедаем и не занимаемся спортом, — это задача души. В упражнениях есть элемент самодисциплины, но задача души — разобраться, почему пасторы позволяют себе переедать и не заниматься спортом. Вы должны задать эти вопросы себе.

Вторая причина: физические упражнения — один из лучших естественных способов снять стресс. Мне стоило понять это, когда мне было чуть за двадцать. Мое тело привыкло к естественной разрядке, которую дает тяжелая кардиотренировка. Внезапно стресс усилился, а это естественное средство для снятия стресса исчезло. Неудивительно, что я ощущал тревожность. Когда я понял это преимущество физических упражнений, то начал следить за этим. Теперь я могу определить, когда мое тело напряжено из-за стресса, — я знаю признаки, и обычно хороший интенсивный бег снимает это напряжение. Даже если вы ненавидите заниматься спортом, попробуйте оценить свой уровень стресса до и после тренировки — так будет проще увидеть пользу.

Вот последняя причина: физические упражнения просто полезны для вас. Бог создал нас по Своему образу и подобию и устроил наше тело так, что упражнения помогают ему. Пастор Дэвид Мюррей говорит именно об этом:

> *Умеренные физические упражнения помогают выводить из организма вредные химические вещества и стимулируют выработку полезных химических веществ. Это укрепляет не только тело, но и мозг. Исследования показали, что ежедневная ходьба на расстояние всего трех километров уменьшает риск снижения когнитивных способностей и деменции на 60%. Помимо долгосрочных преимуществ, физические упражнения вызывают рост новых клеток мозга в гиппокампе и выделение нейротрофических факторов роста — своего рода удобрения для ума, которое помогает мозгу расти, поддерживать новые связи и оставаться здоровым. Физические упражнения и правильный режим отдыха дают примерно 20-процентный прирост энергии в течение дня, а при легкой и умеренной депрессии занятия спортом три-пять раз в неделю примерно так же эффективны, как антидепрессанты[14].*

Физические упражнения — это добрый дар от Бога, который должен помогать нашему телу, разуму, сердцу и душе. Если пасторы хотят хорошо заботиться о своих душах, им стоит сделать упражнения одним из приоритетов.

## Забота о наших душах

Возможно, к этому моменту вы уже убедились, что физические упражнения не занимают должного места в вашей жизни. Вы даже замечаете, как их отсутствие влияет на вашу жизнь, и понимаете, что нужно что-то менять. И все же это может показаться сложной задачей, особенно для тех пасторов, которые не участвовали в спортивных соревнованиях

---

[14] David Murray, *Reset: Living a Grace-paced Life in a Burnout Culture* (Wheaton, IL: Crossway, 2017), 78–79.

и не могут рассчитывать, что в зрелом возрасте у них вдруг включится мышечная память. Вот несколько идей, которые помогут вам начать.

Во-первых, сделайте что-нибудь небольшое. Начните с короткой прогулки по вашему району вместе с женой. Вам необходимо разрушить режим бездействия, и для этого не обязательно ставить цель пробежать полумарафон в следующем году. Делая хоть что-то, вы уже начинаете разрушать этот режим. Ставьте небольшие достижимые цели. Не стоит недооценивать, как какая-то небольшая перемена в вашем обычном распорядке дня может принести существенную пользу, задуманную для вас Богом.

Во-вторых, занимайтесь спортом вместе с кем-нибудь. Такие совместные занятия могут стать отличным источником мотивации и подотчетности, особенно для тех пасторов, которые впервые пытаются внедрить такую практику в свою жизнь. Идеальным вариантом для двух пасторов было бы договориться о встречах три-четыре раза в неделю в спортзале или парке для совместных тренировок. Это стало бы прекрасным напоминанием для вас обоих, почему физические упражнения важны для благополучия ваших душ. Не стоит упускать поддержку и совет, которыми вы оба можете помочь друг другу в вопросах и сложностях служения. Когда я говорю о проблемах служения во время бега, отжиманий или занятий с боксерской грушей, я ощущаю особую пользу и терапевтический эффект.

Наконец, возьмите на себя обязательства на длительный срок. Не зря в первую неделю января спортзалы и фитнес-центры по всему миру переполнены, а через шесть недель все возвращается на круги своя. Большинство людей понимают, что физические упражнения должны стать частью их жизни, но лишь у немногих хватает самодисциплины и мотивации, чтобы действительно надолго сделать их частью своего образа жизни. Для успешного служения пастору очень важно включить в свою напряженную жизнь физические упражнения, которые он сможет регулярно выполнять.

Я знаю одну вдову, которая в свои девяносто пять лет три дня в неделю выходит на прогулку по дорожке возле своего дома. Всего пять лет назад она каждый раз проходила по восемь километров. В девяносто пять она по-прежнему каждый раз проходит шесть километров. Удивительная женщина! Когда я спросил ее, как ей удается поддерживать себя в такой форме, она ответила так:

> *Я начала давно, а потом просто продолжала так делать. Бывают дни, когда мне не хочется, но я понимаю: как только я перестану, мое тело замедлится. Главное — делать что-то всю жизнь и придерживаться этого. В этом должна быть последовательность, иначе к тому времени, когда вы достигнете моего возраста, привычка не сохранится.*

Нам, пасторам, необходимо прислушаться к этим словам не только ради своего физического здоровья, но и для того, чтобы мы могли максимум сил отдавать в нашем призвании служению Христу. У нас есть только одно тело, и, если мы не будем заботиться о нем, оно будет мешать тому благородному труду, к которому мы призваны, — и сейчас, и тем более с возрастом. Регулярные физические упражнения полезны для нашего тела и необходимы для благополучия нашей души.

# 13

# ДРУЖБА

Чарльз Сперджен — один из моих героев. В Сперджене я люблю многое из того, что обычно любят другие, например его христоцентричную проповедь, его остроумие, юмор, смелость, искренность, дерзновение, гениальность, верность в служении и многое другое. Однако, чем больше я узнаю об этом «короле проповедников», тем больше меня привлекают некоторые менее известные качества этой великой личности. Будучи совсем молодым человеком, он оказался одним из немногих пасторов в Лондоне, готовых пойти в дома зараженных чумой и ухаживать за больными и умирающими. Он абсолютно откровенно делился своей борьбой с депрессией. И еще одна менее известная черта Сперджена, которой я стал восхищаться, — его тесная, близкая дружба с другими мужчинами, особенно с пасторами.

Иэн Мюррей написал биографию продолжателя дела Сперджена — Арчибальда Брауна. Браун был пастором другой большой общины в противоположном конце Лондона. В книге Мюррея есть несколько отрывков, которые отлично описывают прекрасную дружбу между Брауном и Спердженом. Вот одно из страданий, выпавших на долю Брауна: спустя несколько лет после смерти его первой жены и повторного брака умирает его вторая супруга. Позже Браун записал, как Сперджен заботился о нем, когда он переживал горе и отчаяние из-за смерти второй жены, умершей всего за несколько дней до этого:

> *Разбитый горем, я отправился в «Метрополитен Табернакл». Я не мог проповедовать, но думал, что смогу поклоняться… И как же я был поражен, когда понял, что он подготовил проповедь специально для меня… Когда в конце службы я развернулся, чтобы выйти, он лишь взял меня за руку и сказал: «Я сделал для тебя все, что мог, мой бедный друг». Я чувствовал, что так и есть. В тот день я поехал с ним домой, и всю вторую половину дня он провел со мной, и мы разделяли полное любви общение[15].*

Спустя многие годы, всего за несколько недель до своей смерти, Сперджен написал последнее письмо Брауну:

> *Возлюбленный брат, прими заверение в моей сердечной любви, хотя ты не нуждаешься в таком заверении от меня. Ты уже давно очень дорог мне; но, когда ты встал плечом к плечу со мной в знак протеста против смертельной ошибки, мы стали едины, как никогда. Пусть Господь поддерживает, утешает, совершенствует тебя! Должники свободной и суверенной благодати, мы будем вместе петь нашему Господу Искупителю, во веки веков[16].*

---

[15]   Iain H. Murray, *Archibald G. Brown: Spurgeon's Successor* (Edinburgh: Banner of Truth, 2011), 98.

[16]   Там же, 144.

Весть о смерти Сперджена дошла до Брауна в Лондоне на следующий день. В своей проповеди в ближайшее воскресенье Браун эмоционально рассказал о своем дорогом друге, который недавно отошел к славе:

> *Он был для меня настоящим Илией, и я любил служить ему любым возможным способом. Наши корни переплетались на протяжении почти тридцати лет. Стоит ли удивляться, что сегодня утром я чувствую, что почти бессилен думать о нем как о проповеднике, как об ораторе, как об организаторе или как о ком-либо, кроме как о самом дорогом друге в моей жизни[17].*

Сперджен и Браун были духовными гигантами своего времени, пасторами двух крупнейших церквей во всей Англии. И все же они оба знали, что есть нечто, необходимое им для того, чтобы выжить в суровых условиях служения и личных страданий в их жизни, — дружба. Не просто дружба, но близкая, личная, интимная и жертвенная дружба пастора с пастором, которые регулярно обращали взоры друг друга к Иисусу.

Цель этой главы — убедить каждого современного пастора в этой насущной необходимости. Эта потребность коренится не просто в удовольствии и дружеском общении, но в необходимости должным образом заботиться о собственной душе, чтобы выжить в длительном служении. Как пастору, который ищет значимую дружбу, мне часто задают два вопроса:

Что лучше для пастора: искать друзей внутри своей церкви или вне ее?

---

17  Там же, 145.

Что лучше для пастора: искать дружбы прежде всего с пасторами или же с теми, кто не служит пастором?

Давайте рассмотрим эти два общих вопроса, а затем перейдем к размышлениям о том, как пасторы могут начать искать ту глубокую, значимую дружбу, столь полезную для их душ.

*Поиск значимых дружеских отношений*

Пасторам стоит искать дружбы как внутри церкви, так и за ее пределами. Церковь может оказаться очень одиноким местом, если у пастора в ней нет друзей. Очень приятно, когда коллеги-пасторы и другие лидеры, с которыми служит пастор, наслаждаются общением друг с другом.

Среди всех тягот служения в поместной церкви братские отношения просто бесценны. И все же, учитывая особенности роли пастора в церкви, может оказаться непросто найти отношения, в которых он мог бы быть полностью открытым, искренним и честным в некоторых областях. Иногда бывает трудно делиться всеми мыслями и мнениями с людьми из своей церкви. Поэтому дружеские отношения за пределами поместной церкви тоже очень полезны и даже необходимы для пастора. Они создают безопасное место, где можно обсудить проблемы. Это приносит облегчение в отношениях — ведь можно пообщаться с кем-то без этой обременительной необходимости постоянно относиться ко всем с позиции пастора. Это создает среду, в которой церковная жизнь перестает быть первой темой для разговора. Это требует усилий, но пастору полезнее всего иметь друзей как внутри, так и вне его собственной поместной церкви.

Пасторы должны искать дружбы как с другими пасторами, так и с теми, кто не является пасторами. Одним из самых значительных Божьих даров для меня как пастора являются другие пасторы. Наше служение — исключительно тяжелый труд, и только пастор знает, каково это — быть пастором. В результате существует особое братство мужчин, служащих пасторами, что, естественно, создает узы дружбы, которые могут быть настолько же крепкими и значимыми, как у Брауна и Сперджена.

С другой стороны, много радости мне принесло общение с друзьями, которые не являются пасторами, особенно за пределами моей церкви. Один из моих самых близких друзей — владелец сети ресторанов быстрого питания, член другой церкви. У нас много общего, но больше всего я ценю в нем то, что он мой друг, потому что просто любит меня, а не потому, что я его пастор, или за то, что я могу дать ему или сделать для него. В конечном счете именно этого хотят найти в дружбе все пасторы: чтобы кто-то любил их за то, кто они есть как личность, а не за то, что они могут для кого-то сделать. Большинство отношений пастора вращаются вокруг заботы, которую он проявляет к другим. В этом и заключается призвание пастора. Однако из-за этого может быть трудно найти открытые, честные, прозрачные, содержательные, взаимовыгодные дружеские отношения.

### Стремление к дружбе полезно для души

Самый надежный способ для пастора найти значимую дружбу — стремиться самому стать таким другом, которого он ищет. Следующие три качества могут сделать любую дружбу более значимой, но я бы сказал, что они особенно важны для уникальных отношений пасторов с другими людьми.

Во-первых, пастор должен сам быть примером хорошего, верного друга. Слишком часто пастору трудно понять, кто тянется к нему из-за того, какой он есть, а кто — из-за того, что он может им дать. Эта дилемма затрагивает и меня, ведь большинство людей в моей жизни любят и ценят меня за то, что я могу им дать. Благодаря этому служение становится очень насыщенным, но вот найти взаимные и значимые дружеские отношения становится труднее. Пастор должен рискнуть и стать верным другом для кого-то с надеждой, что это вернется. Будьте открыты другим в дружбе — и это даст вам шанс найти настоящего друга.

Во-вторых, пастору в дружбе нужна безопасность. Пасторам нужно место, где их примут так же, как их принимает любящий Спаситель. То есть с любовью, состраданием, сопереживанием, пониманием, мудростью и истиной. Пасторам нужно место, где они могут открыто и честно рассказать о своих борениях, грехах, страхах, искушениях. Нам нужно место, где бы наш собеседник воздержался от осуждения и исправления, а просто выслушал бы. Нам нужно место, где можно грустить, злиться, страдать и сокрушаться. Нам нужен другой человек, который мог бы пройти с нами через долины и тревоги нашей сложной, напряженной жизни. Нам нужен кто-то, кто будет глубоко любить нас и при этом указывать на Того, Кто любит нас больше, чем мы можем себе представить, Кто положил за нас Свою жизнь. Ищите такие отношения. А лучший способ найти их — быть открытым, сострадательным, умеющим выслушать. Один из величайших даров, который Бог дал мне для служения моей душе, — это другой пастор, которому я могу доверять и который открыт для такой взаимной дружбы.

И последнее: пасторам необходима непоколебимая приверженность дружбе. Мы все сталкивались с болью, когда оказывалось, что человек не смог принять сокрушение и бремя, которые мы принесли в дружбу, и она заканчивалась. Из-за этого мы можем стать более циничными и настороженными. Это может нести большую опасность для пасторов, ведь подобные открытые дружеские отношения требуют дополнительных усилий и уникальной степени ответственности. Часто пасторы сталкиваются с отвержением и критикой со стороны членов церкви, которые уходят из общины, злясь на какие-то действия пастора. Этот страх отвержения легко переносится на дружеские отношения даже вне церкви. Будьте преданным другом, которого не отпугнут грехи, уязвимость и реальность нашей человеческой природы. Если вы такой друг, который принимает сокрушенность другого и любит его, несмотря ни на что, то, вероятно, именно в этом посвящении вы найдете такое же посвящение со стороны другого человека.

По удивительной иронии судьбы, труднее всего найти такого друга тому, кто больше всего нуждается в друге для блага своей души, — пастору. Пасторам тоже нужны те, кто заботились бы об их душе. Это требует усилий. Это требует риска.

Временами у пасторов может возникать искушение подумать, что оно того не стоит. Многие пасторы проводят всю жизнь в служении, и при этом у них очень мало настоящих друзей. И все же я хочу призвать вас искать их, не только ради ни с чем не сравнимого удовольствия пасторской дружбы и общения в благородном, но одиноком призвании, но и ради блага вашей души.

# 14

# ТИШИНА

Большую часть своей взрослой жизни я ненавидел тишину и не знал об этом. Это была моя серьезная «слепая зона». Я всегда отвергал свое желание быть вместе с людьми и избегать одиночества — это было частью моей экстраверсии и любви к людям. Свою разговорчивость я объяснял обостренной ориентированностью на отношения. Эти качества также помогали мне общаться с людьми в пасторском служении, поэтому я больше ни о чем не думал. Только когда после личного кризиса я начал сам проходить через душепопечение, я столкнулся с этим давним заблуждением.

Наставник заметил в моей жизни определенное поведение, которое оставалось незамеченным для большинства, но для него стало поводом для беспокойства. Он видел, что я бежал от одиночества. Он понял, что мне некомфортно в тишине, и не знал, что с этим делать. Он испытал на себе, как часто я доминирую в разговоре. Это также выявило мое ужасное неумение слушать. Но мой душепопечитель оказался достаточно мудрым и доброжелательным, чтобы связать этот факт с моей непереносимостью тишины. Поэтому он начал работать со мной в этой области, хотя это было непросто. Но на самом деле благодаря этому моя душа пережила мощные изменения и с этого начался процесс исцеления, в котором она отчаянно нуждалась.

Проходя этот путь, я понял, что если мои эмоции — это ворота в мою душу, то именно тишина открывает душу. Я был не готов посмотреть в лицо тем неприятным фактам, которые узнал. Но Бог по Своей удивительной милости пришел ко мне мощно, но нежно, и поставил меня на путь исцеления, на котором моя душа нашла постоянный мир. Именно через молчание в тихом месте, размышление об истине и молитвенное обращение к Господу за помощью я пережил более глубоко Божье присутствие и благодать в моей душе. Именно это место нужно открыть и достичь силой Божьей благодати каждому пастору — так мы сможем глубоко пережить Его любовь и в результате нести наше служение долго.

Тишина, о важности которой в жизни пастора я говорю, — это не какая-то форма восточной медитации, а библейская тишина и уединение. Дон Уитни считает ее важной духовной дисциплиной в христианской жизни[18]. Эта тишина позволяет нам лучше осознавать действия нашей души, когда Святой Дух живет и совершает Свой труд в нас. С помощью именно этой дисциплины мы общаемся с Иисусом, осознаем Его истину и присутствие с большей силой и становимся более восприимчивыми к Его бесконечной благодати. Исследователь пуритан Джоэл Бики хорошо сформулировал, какой вид размышлений способствует подобному переживанию:

---

18  См. классическую книгу Дональда Уитни «Духовные упражнения для христианской жизни». Самара: Благая весть, 2023.

> Пуританское размышление вовлекает в открытую Богом истину разум для того, чтобы сердце воспламенялось любовью к Богу, а жизнь преобразовывалась в послушание. Томас Хукер определил это следующим образом: «Размышление — это намеренное усилие разума, с помощью которого мы ищем истину и утверждаем ее в сердце». То, на что направлен наш ум, показывает истинную любовь нашего сердца, и поэтому, говорит Хукер, любящий Слово Божье регулярно размышляет над ним (Пс. 118:97). Поэтому пуританское размышление — не повторение звуков, не опустошение ума, не представление физических образов и ощущений, но сосредоточенное упражнение мысли и веры в Слове Божьем[19].

Бог повелевает нам сохранять спокойствие и знать, что Он — Бог (Пс. 45:11). Псалмопевец напоминает нам, что наши души должны погрузиться в тишину и ожидать только Бога (Пс. 61:2–6). Иисус регулярно уходил в уединенное место, чтобы помолиться и побыть в тишине (Мк. 1:35; Лк. 5:16; Мф. 14:13). Тишина и уединение — это библейские дисциплины христианской жизни, необходимые каждому христианину. И пасторы ничем не отличаются от других христиан.

Цель этой главы — не только призвать каждого пастора к дисциплине регулярной тишины и уединения в своей жизни, но и показать, что это необходимый элемент заботы о душе пастора. Сначала мы рассмотрим, почему мы нуждаемся в тишине, а затем перейдем к практическому вопросу о том, как начать находить ее среди напряженного и шумного служения.

---

[19] https://www.challies.com/reading-classics-together/the-practice-of-meditation/.

*Причины для тишины*

Большинство из нас согласятся, что есть некоторые очевидные причины практиковать тишину: например, нам всем нужно затишье, время, чтобы сменить фокус, время наедине с Богом, время для молитвы и чтения Божьего Слова и т.д. Однако я хотел бы предложить вам четыре менее очевидные причины, которые в большей степени связаны с тем фактом, что тишина является катализатором заботы о своей душе.

Во-первых, тишина обнажает душу. Использовать занятость и шум, чтобы спрятаться от боли в нашей жизни — распространенный защитный механизм. Речь может идти о неразрешенной боли или насилии из прошлого, либо это может быть нынешнее страдание. Независимо от этого, шум и отвлечения могут создать иллюзию, будто этого страдания нет или оно не имеет силы. Молчание может обнажить эту глубокую боль и проявить ее неоспоримое присутствие в наших душах. Именно находясь в тишине и безмолвии, мы лучше осознаем свои эмоции, то, на чем зацикливается наш ум, и нашу физическую боль, которая может быть связана со стрессом и беспокойством.

Во-вторых, тишина противостоит голосам. Голоса, о которых я говорю, — это те сообщения, которые мы слышим о себе. Они есть у каждого из нас. Это голоса людей, которые звучат на протяжении всей нашей жизни. Это те послания, которые враг любит нашептывать нам в уши. Это оценивающие послания людей, присутствующих в нашей жизни. Когда эти голоса начинают звучать грубо, оскорбительно и лгут о нашей ценности и идентичности во Христе, становится очень неприятно слышать их, и мы делаем все возможное, чтобы спрятаться от них. Эти голоса мучили и меня. Обидные голоса из моего прошлого, ложь сатаны и болезненные слова критики в настоящем — все это создавало сообщения о неудачах и ненависти к себе. И громче всего они звучали, когда я оставался один в тишине. Поэтому, пытаясь спастись от этих голосов, я бежал от тишины. Но тишина была нужна мне, чтобы противостоять этим голосам, а на ложь, которую я слышал и в которую так долго верил, отвечать мощной евангельской правдой. Мартин Ллойд-Джонс в контексте депрессии обратился к этим голосам со словами, которые стали широко известны:

> *Главная проблема духовной депрессии отчасти заключается в том, что мы позволяем нашему «я» говорить с нами, вместо того чтобы нам говорить с нашим «я». Пытаюсь ли я просто ухватиться за красивый парадокс? Отнюдь. Именно в нем заключается мудрость в отношении этой проблемы. Осознали ли вы, что большинство ваших несчастий в жизни связано с тем, что вы слушаете себя, вместо того чтобы говорить с собой?[20]*

Молчание позволяет нам столкнуться с реальностью: когда мы слушаем себя, вместо того чтобы говорить с собой, мы, как правило, произносим резкие, разрушающие душу слова.

В-третьих, тишина учит нас слушать. Когда я понял, как долго был пастором, но все еще оставался плохим слушателем, это стало для меня тревожным открытием. Я слушал, но это была только подготовка к ответу. Мне нужно было научиться слушать не для того, чтобы отвечать. Просто слушать и сопереживать. Начав принимать тишину, я понял, что через это

---

[20] Мартин Ллойд-Джонс. Духовная депрессия. СПб: Мирт, 2000.

учусь слушать. Я услышал вокруг себя звуки, которых раньше не замечал. Я почувствовал, что стал более восприимчивым к посланию Слова Божьего. Просто удивительно, что начинает происходить, когда вы не так беспокоитесь о том, что сказать или сделать дальше. Просто слушайте.

Наконец, тишина проверяет, насколько нам нужен шум. Я думал, что просто люблю людей и активность. Я и не подозревал, что нуждался в шуме, потому что в тишине моя душа мучилась. Тишина обнажает душу и может показать, насколько мы привыкли полагаться на шум, чтобы отгораживаться от боли нашей жизни. Это одна из многих причин, почему нам всем нужно проводить время вдали от телефона, электронной почты, социальных сетей и всех электронных устройств, создающих большую часть постоянного шума в нашей жизни. Пасторам не нужно прилагать особых усилий, чтобы найти в своей жизни шум и вещи, которые нас отвлекают. Но с тишиной дело обстоит совсем иначе. Мы должны бороться за нее. Тишина призывает нас посмотреть в лицо этой боли и позволить силе Евангелия проникнуть глубоко в наши души и начать приносить исцеление. И все же, как пастору начать принимать тишину ради заботы о своей душе?

*Приветствуйте тишину*

На одном «молчаливом выезде» в комнате, предназначенной для уединенной тишины, я прочел следующие слова:

> 99 *Роль молчания считалась здесь важной, поскольку оно позволяло не тратить драгоценное, но ограниченное свободное время на праздность и светские беседы. Сообществам, которые*

*ценят развитие человека, вероятно, стоит предусмотреть возможность уединения, иначе теряется потенциальный источник обогащения.*

Хотя я ненавидел тишину, постепенно я пришел к пониманию того, что мне необходимо «предусмотреть возможность уединения» ради блага своей души. В результате меня провели через трехступенчатый процесс, который помог мне не просто осознать, что я нуждаюсь в тишине, но и заставил меня в итоге жаждать ее. Этот трехступенчатый процесс включает в себя ежедневную практику, длительное пребывание в тишине и запланированные выезды.

Во-первых, пастор должен установить короткое ежедневное молчание. Псалмопевец пишет, чтобы мы были спокойны и знали, что Бог есть Бог (Пс. 45:11). Установление небольших, но регулярных целей — вот ключ к успеху. Не стоит недооценивать значимость пяти-десяти минут в день, когда вы сидите в тишине, без музыки, звонков и разговоров. Просто сидите и наслаждаетесь тишиной. Осознаёте присутствие Бога. Познаёте, что Он — Бог. Молитесь. Прислушиваетесь к тому, что вас окружает. Часто я получаю этот ежедневный опыт на своем заднем дворе, где закрываю глаза, ощущаю ветерок, слышу шелест листьев, слушаю, как движутся птицы и животные. Самое главное — принимайте Божью благодать, размышляя о Его благосклонности и любви к вам. Перечитывайте про себя евангельские истины (Еф. 2:1–10; Рим. 5:6–11). Сосредоточьтесь только на себе и Иисусе, прежде чем другие люди начнут засыпать вас делами оставшуюся часть дня. Даже если это всего лишь пять минут тишины в день, я нахожу это время особенно бесценным, когда остальная часть моего дня заполнена людьми и шумом. Пять минут каждый день — лучше, чем тридцать минут только один раз.

Далее, пастору стоит найти более продолжительное время для тишины. Псалмопевец напоминает нам, что наши души должны погрузиться в тишину и *ожидать* только Бога (Пс. 61:2–6). Нельзя торопить ожидание. Оно требует больше времени. Возможно, это будет один час в неделю, когда вы удаляетесь от шума и людей, чтобы побыть наедине с Богом. Если короткое ежедневное молчание помогает сосредоточиться в течение всего дня, то более продолжительное время дает моей душе успокоение и восстановление. В моей жизни это обычно происходит по утрам в понедельник, когда я отправляюсь на пробежку по глухой туристической тропе. После пробежки я просто сижу в тишине с Богом, осознавая Его славу в Творении, окружающем меня в лесу или у пруда. Я наслаждаюсь безмолвием и понимаю, что Он — Бог, а я — нет (Пс. 45:11). И я жду только Бога (Пс. 61:2–6). У других варианты могут отличаться — это может быть тихий уголок в доме после того, как дети уходят в школу. Как бы это ни происходило у вас, целенаправленно запланируйте это время на неделе. Оно не появится само по себе. Иисус показал пример, как важно намеренно уединяться и молиться (Мк. 1:35). Если ежедневное молчание поддерживает нас в течение дня, то такое более продолжительное время, хотя бы раз в неделю, Бог часто использует, чтобы вернуть наши души к Нему и напомнить нам о Его благодати, действующей в нас.

Наконец, пастору следует запланировать один-два молчаливых выезда, или уединения, в год. Именно здесь вы узнаете, как на самом деле относитесь к тишине. Я так и делаю. Это может быть поездка с ночевкой, но не обязательно. Я планирую свои молчаливые выезды на день — ухожу рано утром и возвращаюсь к ужину с семьей. Такое стремление к тишине поднимет заботу о вашей душе на новый уровень, ведь оно обнажает, насколько вы нуждаетесь в шуме, людях, занятости и отвлечении. Молчаливый выезд продолжительностью всего в день откроет вам многое о вашей жизни, в том числе и то, от чего вы пытаетесь убежать с помощью шума. Мои молчаливые уединения стали проверять меня на то, что скрыто в моей душе, от чего в своей жизни я пытаюсь убежать благодаря занятости. Каждому пастору нужно что-то, что будет давить на эти скрытые вещи, заставляя его предстать с ними перед Богом, а также время, чтобы остановиться и получить Его благодать и прощение.

Иисус освободил нас от власти греха, стыда и смерти и спас от заслуженного нами Божьего гнева. Все это происходит по благодати через веру. Наша идентичность теперь во Христе, и мы — усыновленные навечно дети единого истинного Бога. В каждом из нас по вере поселяется Святой Дух Божий и делает нас с каждым днем все более похожими на Иисуса. И все же так много христиан не способны глубоко переживать в своих душах силу Божьей благодати в Евангелии. Это касается и пасторов. Таким я был большую часть своего служения. Это требовало понимания собственной души и того, как получить доступ к ней, чтобы мощная благодать Евангелия проникла в эти глубокие, темные закоулки. Тишина с библейским размышлением — это прекрасный инструмент и дар Божий, помогающий найти такое понимание. Мы можем пасти наших людей только в тех местах, куда сами ходили и где сами побывали. Примите тишину с размышлением как умиротворяющий, целительный бальзам для вашей шумной, беспокойной души.

# 15

# ОТДЫХ

Одним из самых больших препятствий для страстного, целеустремленного, высокопродуктивного современного пастора является неумение отдыхать. Я знаю, о чем говорю. Большую часть своей взрослой жизни я не знал, как отдыхать. Более того, то, что сейчас я понимаю под отдыхом и восстановлением сил, раньше я воспринимал как лень и отсутствие продуктивности. Ведь Царство Божье строится! У кого есть время на отдых? Я понял, что каждый пастор нуждается в отдыхе. Я так и сделал. В противном случае у наших душ нет возможности перевести дух и перегруппироваться после напряженной работы в служении. Я понял, что отдых необходим и что он проявляется в трех уровнях как формула для долгого и плодотворного служения. Эти три уровня — выходной день, отпуск и саббатикал.

## Выходной день

Некоторые любят задаваться вопросом, должен ли пастор брать выходной. Позвольте мне прояснить для тех, кого это интересует, — да, должен! Каждый пастор должен брать выходной каждую неделю. Кроме того, в идеале это должна быть не суббота. Вот несколько причин.

Воскресенье для пастора — рабочий день. Я знаю, что это — День Господень. Я знаю, что некоторые пасторы проповедуют в воскресенье, а некоторые нет. В любом случае, в то время как большинство людей в воскресенье отдыхает от еженедельной рутины, для пастора это — кульминация его рабочей недели. Воскресенье — радостный день, но это также и день, который эмоционально истощает, его не назовешь временем спокойствия и отдыха.

Пастор никогда не оставляет работу. Независимо от того, как он проводит вечера и насколько старается, пастор никогда полностью не отключается. Даже если телефон не звонит или никто не заходит, проповедь все равно остается в голове и сердце, а на наших плечах лежит борьба пожилого члена церкви с раком, и не существует таких часов, которые бы волшебным образом заставили нас забыть о бремени заботы о душах людей до 9:00 утра следующего дня. Хотя это бремя никогда не уходит полностью, день, когда мы можем попытаться сосредоточиться на наших семьях и отвлечься от повседневной рутины, бесценен и для нашей души, и для долгосрочной выносливости в служении.

Пастору каждую неделю нужен день, когда его семья стоит на первом месте и она знает об этом. Семье пастора приходится нести много жертв и крестов. Поэтому, когда выделен день, в который все в семье знают, что будут «в центре внимания папы», это помогает им уступить папу для загруженности в остальные дни. Вы с трудом найдете более эффективный способ выразить свою любовь к семье, чем дать им понять, что для них есть день, который регулярно планируется, и, несмотря на все сегодняшние заботы, он скоро наступит.

Один из моих лучших шагов на благо своей семьи и служения — решение брать выходной день каждую неделю. Только похороны и действительно чрезвычайные ситуации заставляют меня идти на компромисс. Мой выходной день — пятница, потому что он лучше всего вписывается в наше расписание. Выберите день, который лучше всего подходит для вас и вашей семьи. Главное — выбрать день. Сообщите своей семье и церкви, что это за день, и придерживайтесь этого времени. Мне по-прежнему удается работать пятьдесят-шестьдесят часов в неделю с одним выходным. Моя семья ждет его с нетерпением. И ваша семья тоже будет ждать его с нетерпением, если вы включите его в свой недельный график и будете соблюдать его. Маленькие решения, вроде обязательства брать выходной каждую неделю, имеют решающее значение для долгосрочной заботы о вашей душе.

## Отпуск

Кто-то может подумать, что я буду говорить о том, сколько недель отпуска вам должна предоставить церковь или как вам следует отстаивать свое время отпуска. Меня беспокоит не то, сколько времени на отпуск дают пастору, а то, как он использует (или не использует) то, что ему дано.

Сейчас подходящий момент для исповеди. Я часто не следую своим собственным советам. Просто решил признаться в этом на случай, если вы думаете, что я пишу так, потому что со всем разобрался. Отнюдь. Разумное использование времени отпуска было одним из самых проблемных вопросов в моей жизни, решить которые я пытался в течение последних нескольких лет.

Пару лет назад один мой близкий друг и коллега-пастор с любовью указал мне на то, что я не использую все свое время, выделенное для отпуска. Обличая, он объяснил мне причины, почему я должен брать каждый день отпуска, который дает мне церковь, чего я никогда не делал. Привожу его обдуманные, проницательные и мудрые аргументы.

Это нужно вам. У пастора никогда не бывает перерыва в обычной рутине. Мы постоянно на связи. Отпуск — это то время, когда вы получаете возможность отдохнуть от суеты, освежиться и восстановиться. Все пасторы знают: для наших людей нет от нас никакой пользы, когда мы измотаны, отвлечены, умственно и эмоционально истощены. Используйте время отпуска и используйте его разумно для достижения этой цели.

Это нужно вашей семье. Ваша семья всегда вынуждена делиться вами. Период отпуска — ограниченное время, когда вашей семье не нужно делить вас с церковью. Не используя все свое время, уже утвержденное церковью для этой цели, вы лишаете свою семью возможности заботиться о ней, общаться с ней и наслаждаться ею.

Это нужно вашей церкви. Как получилось, что многие из наших церквей как-то существовали и функционировали последние пятьдесят-сто лет без нас? И вдруг мы приходим и развиваем в себе такой комплекс, будто наша церковь не сможет прожить без нас неделю-две. Когда вы используете все свое время отпуска, ваше отсутствие заставляет других сделать шаг вперед, это показывает им, что они могут обойтись без вас какое-то время, а также напоминает пастору, что Бог в функционировании этой церкви не полностью зависит от него. Мы — расходный материал, и нам нужны регулярные «толчки» смирения, которые напоминают об этом.

## Саббатикал

Среди некоторых церквей распространена практика, когда пастырю, работающему полный день, периодически предоставляют пасторский саббатикал, или творческий отпуск. Во время такого творческого отпуска пастор откладывает обычные пасторские обязанности (т. е. проповедь, учение, проведение богослужений, заботу о членах церкви и администрирование), чтобы сосредоточить свое время и энергию на других полезных делах. Я получил саббатикал, когда прослужил в своей церкви старшим пастором десять лет. За восьмидесятилетнюю историю нашей церкви ни один пастор не брал подобный творческий отпуск. В результате остальные пасторы нашей церкви почувствовали, что нужно объяснить членам, что это за новая идея. Вот описание того, что они представили нашей общине:

Цель пасторского саббатикала — дать служителю и его семье время для отдыха, обновления и восстановления душевных сил, чтобы помочь пастору набраться энергии для продолжительного служения. Пасторский творческий отпуск подразумевает продуманные усилия, направленные на то, чтобы пастор рос, учился, созревал и еще больше преуспевал в своем служении после возвращения из саббатикала. Пасторский саббатикал отличается от отпуска. Когда пастор использует время отпуска, от него не ожидают выполнения обязательств по служению. Тем не менее на время пасторского саббатикала у пастора есть поручение — заниматься молитвенным, богословским, пасторским и личным размышлением и обновлением.

Саббатикал может различаться по форме и продолжительности. Полное объяснение моего двухмесячного творческого отпуска и то, как он был представлен нашей общине, можно найти в Приложении А. Важно понимать, что в данном контексте мы видим еще один уровень отдыха, который необходим для правильной заботы о душе пастора и является здоровым элементом продолжительного служения.

Отдых на этих трех уровнях дается с борьбой. Пастор должен увидеть свою потребность в таком отдыхе и отвергнуть ложь о том, что если он не занимается служением, то плохо исполняет свое призвание. Кроме того, в дело вступает еще и давление со стороны общины. Не ленится ли пастор? Почему ему нужен творческий отпуск на три месяца, если у меня отпуск — всего две недели? Из-за такого давления пастор, как правило, не отдыхает. Он просто продолжает идти. И идет. И идет. До тех пор, пока не сломается и будет не в силах понять, как он оказался в такой яме. Пасторы, боритесь за свой отдых. А когда будете отдыхать, оставьте свои заботы. Отдайте их Верховному Пастырю. Позвольте Ему оживить вашу уставшую и встревоженную душу.

# ЗАКЛЮЧЕНИЕ

Мы надеемся, что эта книга помогла вам лучше осознать движение собственной души; осознать свое призвание от Бога; осознать, с какими нагрузками вы сталкиваетесь и как они могут влиять на вас; осознать, что в заботе нуждается не только ваша паства, но и вы сами. В конечном счете наше желание для вас выражено в словах апостола Павла к коринфянам:

> *Бога призываю во свидетели на душу мою, что, щадя вас, я доселе не приходил в Коринф, не потому, будто мы берем власть над верою вашею; но мы споспешествуем радости вашей: ибо верою вы тверды.*
>
> *2 Коринфянам 1:23–24*

Желание нашего сердца для вас сравнимо с желанием Павла для коринфян:

Мы работаем вместе с вами.
Мы трудимся для вашей радости.
Чтобы вы могли стоять твердо.

Написание этой книги принесло пользу нам обоим — ведь мы смотрели на то, как нам помогли эти библейские мысли и практические идеи. Мы размышляли о наших личных радостях и трудностях, о том, как милостив был Бог к нам обоим, позволив так долго служить и давая надежду на то, что впереди нас ждут еще многие годы служения. Но наша главная цель в том, чтобы эта книга напоминала вам: мы вместе с вами трудимся над этой непростой, но благородной задачей. Мы стремимся твердо стоять вместе с вами и хорошо закончить гонку, а не просто переползти через финишную черту. Мы желаем вам особой и неповторимой радости, которая приходит от того, что вы являетесь младшим пастырем нашего великого Верховного Пастыря, Иисуса Христа.

Пасторы, продолжайте выполнять эту сложную, но привилегированную задачу — заботиться о душах людей. Вкладывайте и вкладывайтесь в служение нашему щедрому Владыке. В конце каждого дня знайте, что ваши труды не напрасны и у них есть великая вечная цель. Но не пренебрегайте заботой о своей собственной душе. Смотрите за собой. Помните обо всех Божьих дарах и средствах благодати, которые Он дал нам, чтобы мы питали свои собственные души и чтобы мы были внимательны в заботе о других.

Наше призвание — заботиться о душах, как о чужих, так и о своей собственной. Давайте делать это с большим усердием, чтобы хорошо закончить наш забег, не просто с удовлетворением от наших трудов в служении, но со спокойной душой, уверенной, что мы действительно знали Иисуса и каждый шаг на этом пути делали вместе с Ним.

# ПРИЛОЖЕНИЕ A
# ПРИМЕР ОПИСАНИЯ САББАТИКАЛА

Рекомендация церкви о предоставлении пастору творческого отпуска (пример):

*Побуждение*

Мы, пасторы, предлагаем предоставить старшему пастору Брайану Крофту творческий отпуск с 1 июня 2013 года по 31 июля 2013 года.

*Определение*

Среди некоторых церквей распространена практика, когда пастору, работающему на полную ставку, периодически предоставляют пасторский саббатикал, или творческий отпуск. Во время такого творческого отпуска пастор откладывает свои обычные пасторские обязанности (т. е. проповедь, учение, проведение богослужений, заботу о членах церкви и администрирование), чтобы сосредоточить свое время и энергию на других полезных делах.

*Описание*

Цель пасторского саббатикала — дать служителю и его семье время для отдыха, обновления и восстановления душевных сил, чтобы помочь пастору набраться энергии для продолжительного служения. Пасторский творческий отпуск подразумевает продуманные усилия, направленные на то, чтобы пастор рос, учился, созревал и еще больше преуспевал в своем служении после возвращения из саббатикала. Пасторский саббатикал отличается от отпуска. Во время отпуска от пастора не ожидают выполнения обязательств по служению. Тем не менее на время пасторского саббатикала у пастора есть поручение — заниматься молитвенным, богословским, пасторским и личным размышлением и обновлением.

После одобрения членами церкви саббатикала пастор Брайан разработает продуманный план и четкую программу действий на время этого творческого отпуска. Этот план будет включать в себя:

— молитву, поиск мудрости и направления для предстоящих лет верного служения в Оберндейле;

— чтение нескольких книг на интересующие и необходимые темы, которые бросят ему вызов как пастору, проповеднику и писателю;

— сосредоточение на проповедях уважаемого пастора, который является образцом для подражания, — изучение стиля и техники проповеди этого пастора;

— встречу с несколькими пожилыми пасторами для наставлений о верности и плодотворности служения;

— посещение других церквей для того, чтобы услышать других проповедников и узнать о новых служениях;

— ограничение гостевых проповедей, выступлений и преподавания, чтобы таким образом защитить время, отведенное для обновления пастора; рекомендация от других пасторов — ограничиться максимум двумя подобными мероприятиями.

## Обоснование

Пасторы рекомендуют пасторский саббатикал по ряду причин. Во-первых, время творческого отпуска совпадет с десятилетием служения пастора Брайана в нашей церкви (сентябрь 2013 года). Мы внесли это предложение, в частности, для того, чтобы дать нашей общине возможность выразить благодарность и проявить щедрость по отношению к нашему пастору. Во-вторых, творческий отпуск пастора пойдет на пользу общине. Мы ожидаем, что эта возможность для пастора Брайана заниматься молитвенным, богословским, пасторским и личным размышлением и обновлением принесет свои плоды в нашей церкви. В-третьих, пасторы чувствуют потребность в создании пастырского и богословского видения работы нашей церкви в общине Оберндейла. За десять лет, прошедших после приезда Брайана, служение изменилось. Более того, за эти десять лет служение не только изменилось, но, по Божьей милости и через Брайана, расширилось и стало более плодотворным.

## Логистика

На время двухмесячного отпуска пастор Брайан будет освобожден от обычных пасторских обязанностей: проповеди, учения, проведения богослужений, заботы о членах церкви и управления. Другие пасторы Оберндейла будут вместе трудиться, чтобы эти обязанности были надлежащим образом делегированы и старательно выполнялись. В случае чрезвычайной ситуации пасторы оставляют за собой право изменить условия данного предложения, чтобы обеспечить верную заботу о членах Оберндейла.

# ПРИЛОЖЕНИЕ Б
# 10 ШАГОВ К БОЛЕЕ ПЛОДОТВОРНОМУ ОТПУСКУ

*Написано через два месяца после моего возвращения из двухмесячного творческого отпуска:*

Недавно я вернулся из саббатикала. Моя церковь полностью освободила меня от служения на июнь и июль. Мне запретили участвовать в воскресных богослужениях в нашей церкви, и я был в неведении относительно пастырских проблем, с которыми служители сталкивались в течение этих двух месяцев.

В преддверии этого события я обращался за советом ко многим пасторам, которые проходили через подобные отпуска. Меня поразило, как много служителей делились своими сожалениями о том, как прошло их время. Поэтому я постарался использовать свой творческий отпуск наиболее плодотворно. Вот несколько уроков, которыми я хочу поделиться.

1)	Восхищайтесь своей женой. Устраивайте много свиданий. Ухаживайте за ней. Изучайте ее. Учитесь у нее. Смейтесь вместе с ней. Наслаждайтесь ею. Вместе размышляйте о годах служения. Поймите, что это время ей нужно так же, как и вам. Постарайтесь сделать так, чтобы оно принесло большую пользу ее душе. Найдите время, чтобы насладиться ею, пока на какое-то время сократилась занятость, которая часто отнимает ваше совместное времяпрепровождение.

2) Наслаждайтесь своими детьми. Никогда раньше у меня не было такого длительного периода, когда я мог сосредоточиться на общении с детьми. Мне нужно было убедиться, что они не только находятся в центре внимания, но и что мое сердце по-настоящему проживает это время с ними и наслаждается им. Многие пасторы делились со мной своими сожалениями по этому поводу. Поэтому мы с детьми проводили время в бассейне, парках, немного выезжали за город, читали, боролись, смеялись, катались на велосипедах и делали все, что они хотели.

3) Целенаправленно выполняйте духовные упражнения. Я обязался проводить за чтением Божьего Слова продолжительное время, которое позволяло бы охватывать большие фрагменты текста. Обычно я провожу большую часть времени, «высматривая деревья» при подготовке проповеди; в это время я позволил «лесу» напитать мою душу.

Я также намеренно проводил время в тишине и молитве для блага своей души, прося Бога о руководстве в видении нашей церкви на следующие десять лет, так как я только что закончил свои первые десять лет в качестве пастора здесь. Кроме того, я возобновил полезное упражнение, которым пренебрегал: ведение дневника. Примите основные духовные упражнения, к которым мы призываем наших людей, но которые сами в своей жизни часто не выполняем.

4) Будьте последовательны в соблюдении дисциплин, связанных с вашим телом. Примите решение спать по восемь часов в сутки. Постарайтесь возобновить регулярные физические упражнения — для меня это означало план тренировок на три-четыре дня в неделю. Настройтесь на правильное питание. Если в обычном режиме вы ничего из этого не делаете, отпуск может стать отличной возможностью вновь стать добрым управителем своего тела и энергии. За время отпуска я похудел на пять килограммов и вспомнил, как много сна мне нужно, чтобы быть в наилучшем состоянии для служения Господу. Не стоит недооценивать, насколько плохо вы заботитесь о своем теле в водовороте служения.

5) Учитесь у верных пасторов, которые уже умерли. Отошедшие в вечность служители из разных периодов истории могут научить нас пастырскому служению так, как не могут научить современные пасторы. Я выбрал великого английского баптистского служителя XVIII века Эндрю Фуллера (1754–1815), чтобы получать назидание в это время через его труды. Это очень воодушевило меня! Выберите одного служителя, а затем, погрузившись в его жизнь и служение, позвольте ему наставлять вас.

6) Учитесь проповеди у верных живых пасторов. Я выбрал Теда Доннелли, который более 35 лет служил пастором в Северной Ирландии, пока позволяло его здоровье. В Великобритании он известен как один из самых одаренных, исполненных Духом проповедников за последние полвека. Я слушал его проповеди и многому научился. В процессе Бог также питал мою душу через Свое Слово. Выберите кого-то, кого вы не очень хорошо знаете, но кто мог бы подтолкнуть вас к росту в проповеди.

7) Посещайте другие церкви. Поклонение Богу со своей церковью может нести вдохновение и успокоение, когда вы освобождены от своих обычных пастырских обязанностей. Но если вы проводите воскресные дни в своей церкви, то неизбежно будут завязываться разговоры, из-за которых ваш перерыв может оказаться не таким полноценным. Поэтому я позаботился, чтобы мои обязанности в церкви были сняты, а я мог поклоняться Богу в других церквях в течение всего творческого отпуска.

Посетив другие здоровые церкви, где проповедуют Слово, вы получите благословение христианского общения. У других церквей и пасторов есть чему поучиться. Возможно, на их публичном собрании вы увидите что-то такое, что потом решите принести в свою церковь. Если у вас не так много вариантов, выберите на время вашего отпуска пару хороших церквей, просто посещая которые вы сможете расслабляться и насыщаться, сидя рядом с вашей семьей.

8) Отложите те дела, которые вы обычно выполняете. Саббатикал не принесет настоящего отдыха, если вы будете держаться за то, что обычно изматывает вас. Именно поэтому мои коллеги-пасторы запретили мне писать книги или проповедовать где бы то ни было, ведь и то, и другое — обычная часть моего служения. Хотя многие берут творческий отпуск, чтобы писать, — это вполне нормально для них, — мои коллеги-пасторы были правы, запретив мне заниматься этим. Убедитесь, что вы честны с собой в том, что вас напрягает. И обязательно отложите эти дела на время отпуска, даже если речь идет о делах, которыми вы любите заниматься.

9) Поиграйте в гольф. Большинство из нас игра в гольф и расслабляет, и одновременно смиряет. Есть много причин,

почему это полезно для вашей души. Во время отпуска я закончил несколько лучших раундов в гольфе за последние годы и впервые в жизни обыграл своего отца, который очень любит побеждать. Очевидно, что Господь благоволил ко мне. Если вам не нравится гольф, найдите другой способ развлечься, который трудно вписать в вашу обычную рутину, но который при этом и расслаблял бы вас, и смирял.

10) Отдыхайте по-настоящему. Обычно я плохо отдыхаю. Но благодаря советам служителей я понял, что, если к концу этого отпуска мы с женой не будем чувствовать себя свежими и отдохнувшими, мы упустим предназначение этого подарка нашей церкви и потеряем эту возможность. Вам стоит заниматься всем, что поможет отдохнуть от суеты вашей обычной работы и освежит вашу душу.

Если вы планируете саббатикал, я надеюсь, что это положит начало полезному разговору между вами и вашими коллегами-пасторами о том, как лучше всего вам воспользоваться этим даром. Действуйте целенаправленно. Привлеките других членов вашей церкви, чтобы они помогли вам определить, как лучше провести время. Прислушивайтесь к мнению вашей жены. Молитесь, чтобы Бог дал вам мудрости хорошо отдохнуть, чтобы, когда вы вернетесь к обычной рутине служения, приятные воспоминания перевесили сожаления.

## Служение пастора

Брайан Крофт

В книге "Служение пастора" Брайан Крофт исследует Писание, чтобы определить десять самых важных приоритетов для пастырского служения: хранить истину, проповедовать Слово, молиться о пастве и быть для нее образцом, посещать больных и утешать скорбящих, заботиться о вдовах и обличать грехи, ободрять слабых и воспитывать лидеров.

## Семья пастора

Брайан и Кара Крофт

Брайан и Кара выявляют ключевые вызовы, с которыми сталкивается пастор как муж и отец, а также сложности и радости того, что значит быть женой пастора. Авторы книги затрагивают такие вопросы, как брак, воспитание детей и совместное служение.

## Издательство «Благая весть»

**БЛАГАЯ ВЕСТЬ**

**Любовь** к чтению Слова Божьего и полезной духовной литературы — добрая традиция нашего братства с первого дня его основания. Мы молимся и трудимся для того, чтобы верующие церквей бывшего Советского Союза имели желание и возможность регулярно читать полезные христианские книги наряду с изучением Библии, чтобы они имели доступ как к богатому духовному наследию мужей веры минувших веков, так и к трудам современных христианских авторов.

 Канал издательства

Чтобы вы через чтение книг больше познавали Бога, мы:

■ подбираем лучшие книги, доступные на русском языке;

■ переводим новые книги по еще мало освещенным вопросам;

■ помогаем издавать книги местных авторов со здравым богословием.

Отпечатано по заказу:
«Местная религиозная организация
Евангельских христиан-баптистов
«Преображение»


Printed in Russia
Религиозное издание
ISBN 978-5-7454-1849-5
Формат 60x84 1/16, объём 11,5 п.л.,
тираж 2000 экз, заказ 4202,
подписано в печать 30.01.2024,

Издание местной религиозной организации
евангельских христиан-баптистов
(195009, С.-Петербург, ул. Лебедева, 31 пом. 9Н).
Санкт-Петербургский филиал ФГБУ «Издательство «Наука»
199034, Санкт-Петербург, 9-я линия, д. 12/28

The Master's Academy International
www.tmai.org
publishing@tmai.org